广东新时代文明实践百部精品图书

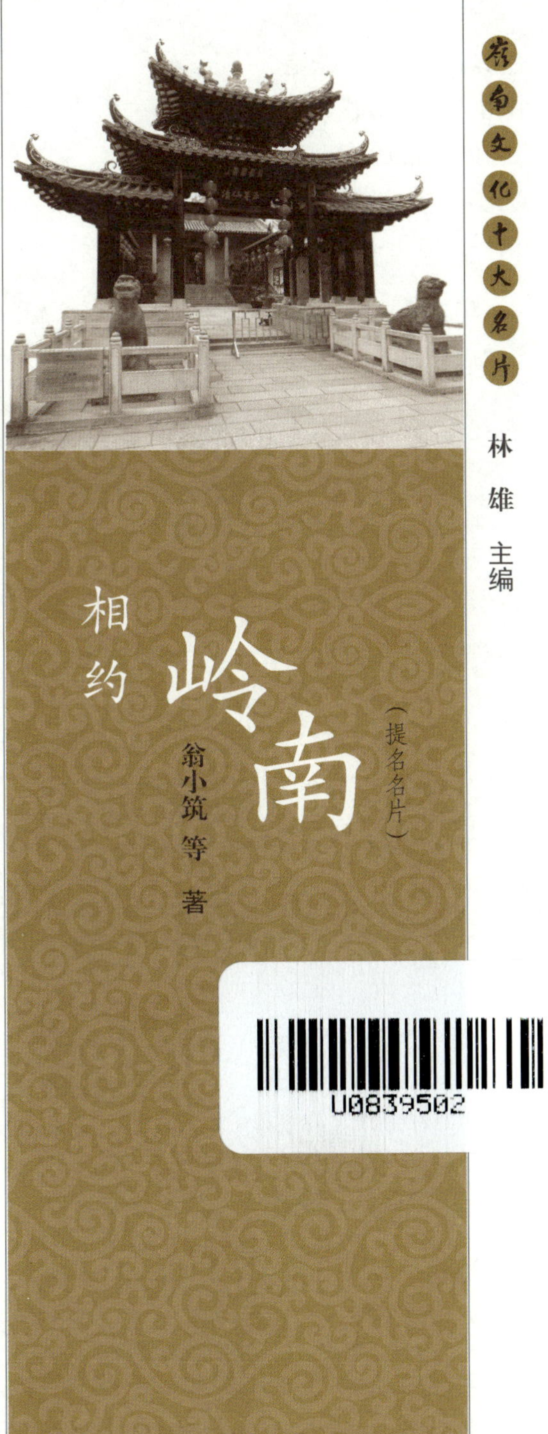

岭南文化十大名片

林雄 主编

SPM 南方出版传媒
全国优秀出版社
全国百佳图书出版单位
广东教育出版社·广州

图书在版编目（CIP）数据

相约岭南 / 翁小筑等著．—广州：广东教育出版社，2010.12（2020.3重印）

（岭南文化十大名片/林雄主编）

ISBN 978-7-5406-8076-3

Ⅰ.①相… Ⅱ.①翁… Ⅲ.①文化—简介—广东省 Ⅳ.①G127.65

中国版本图书馆CIP数据核字(2010)第237694号

责任编辑：唐娓娓 林玉洁

责任技编：姚健燕

书籍设计：书窗设计工作室 赵焜森 \ 钟 清

相约岭南

XIANGYUE LINGNAN

广东教育出版社出版发行

（广州市环市东路472号12-15楼）

邮政编码：510075

网址：http://www.gjs.cn

广东新华发行集团股份有限公司经销

佛山市华禹彩印有限公司印刷

（佛山市南海区罗村联和工业区西二区三路1号）

890毫米×1240毫米 32开本 5.625印张 115 000字

2010年12月第1版 2020年3月第4次印刷

ISBN 978-7-5406-8076-3

定价：39.00元

质量监督电话：020-87613102 邮箱：gjs-quality@nfcb.com.cn

购书咨询电话：020-87615809

岭南文化十大名片

编　委　会

序

林雄

文化之根基，在于脚下沃土；文化之硕果，在于阳光雨露。两千多年岭南文化，枝繁叶茂至于今，不外得益于两点：根深与吸收。

珠江流域位于五岭之南，但它与黄河流域、长江流域一样，同为中华文明发祥地。岭南一带依山傍海，河涌交错，古百越先民生于斯长于斯，从早期的渔猎文明、农耕文明，到后来的商贸文明，依水而生，因水而兴，无不烙上深深的本土印记，彰显岭南水文化旺盛之生命力。“一方水土养一方人”，粤菜、广东凉茶、骑楼等，得天独厚，彰显岭南人生活中特有之文化风韵。

百越之地与中原虽关山阻隔，但自秦以降，岭南文化与中原文化之交流，便从未间断。特别是唐梅关古道凿通之后，来自中原的文化养分，更是源源不断地输入岭南，与岭南文化融合发展，成为岭南本土文化重要的组成部分。如发源于本土之粤剧，其唱腔在发展过程中，便吸纳了弋阳腔、昆腔、秦腔、汉剧等外来剧种的精华，博采各家所长，自成一格。而韩愈贬潮、东坡谪惠，这些文人之难，却是岭南之福，他们推动了岭南文化与中原主流文化的融合，也让南北文化相得益彰。

岭南文化之开放与包容，不仅表现在对待同族同根之中原文化上，更表现在对舶来文化之高调“拿来”。自秦汉开通海上丝绸之路以来，岭南作为始发地及通商大港，千百年来独居中外文化交流之最佳平台。清政府对海关是开了又闭、闭了又开，反复无常，但广州却一直对外开放，即便是闭关政策最严之道光十一年（1831年），广州街道上洋商依旧熙熙攘攘。经济往来必定挟带文化交流，文化舶来品纷纷从岭南登陆引进，被岭南文化融合吸收之后，再影响全国。广式骑楼、开平碉楼，便是中西建筑艺术之完美结晶。惠能创立了南禅，其《六祖坛经》被誉为中国人的佛经，推进了佛教的中国化、民族化和世俗化。

广东毗邻港澳，历来是对外开放的窗口，近现代百年来成为时代的风向标，引领时代潮流，成为最重要的革命策源地。近代中国民主运动风起云涌，岭南人中之翘楚如康梁（康有为、梁启超）、孙中山等，执改良与革命之牛耳。这都得益于岭南人对世界先进文化快人一步之认同。20世纪七八十年代，广东又一次领潮争先，成为改革开放先行地，不但创造了一系列经济奇迹，而且孕育了改革开放的时代文化精神。广交会成为海上丝路的新的里程碑，既是中国对外开放的见证，又是商都文化的一个新标志。

历史进入了21世纪，文化在综合竞争力中的地位和作用越来越突出，已经成为民族凝聚力和创造力的源泉。广东省委十届七次全会，吹响了建设文化强省的号角，提高文化的创新力、辐射力、影响力和形象力，成为摆在我们面前的一项任务，评选“岭南文化十大名片”，正是提升广东文化形象之举。在这一重要历史契机下，整理、挖掘、打造岭南文化名片，就显得尤为紧迫。打造具有岭南特色的文化名片，是增强文化凝聚力的需要，是提升文化影响力的需要，是塑造文化形象力的需要，对于提升广东的文化自信和文化自觉、推动经济社会又好又快发展具有重要意义。

文化名片，是代表一个地方最具特色度、知名度和美誉度的整体形象、领域形象、特色形象的标志。岭南文化名片所标示的文化形成，是千百年来人们集体智慧的结晶，是广东人民最深层次的精神追求和文化现象，更承载着广东文化的灵魂。“岭南文化十大名片”正是岭南文化精华的浓缩，彰显了岭南文化的独特魅力。经过广大网民、市民和专家历时10个月的票选，终于决出了代表岭南文化的十大名片——粤菜、粤剧、广东音乐、骑楼、黄埔军校、端砚、开平碉楼、广交会、孙中山、六祖惠能；同时评出了十大提名名片——陈家祠、南越国遗址、南海1号、岭南画派、石湾陶艺、潮州工夫茶、客家围龙屋、广东凉茶、粤绣、康梁。这些都从不同侧面展示了岭南文化的源远流长和博大精深，是岭南文化的金字招牌，表现出了旺盛的文化张力，不仅将告诉世人广东厚实的文化家底和滋长的文化软实力，而且将烛照广东文化发展的未来。《岭南文化十大名片》丛书的出版，也适逢其时地为宣扬广东的文化影响力提供了良好的载体。

春风润南粤，文化展新姿。在文化强省建设的浩荡春风中，在盛世倡文兴化的时代大背景下，“岭南文化十大名片”的诞生，将进一步激发社会各界对文化建设工作的参与热情，不断掀起关注岭南文化的传承、发展、成长的社会热潮。

是为序。

岭南文化十大名片

《粤菜》

《粤剧》

《广东音乐》

《骑楼》

《黄埔军校》

《端砚》

《开平碉楼》

《广交会》

《孙中山》

《六祖惠能》

《相约岭南（提名名片）》

相约岭南

入选理由

从两千年前的南越国时代开始，历代移民把各地的文化都带到广东，形成江南海北、五方杂处的优势，加上广东接触海外文明最早，得以尽取别人所长，为我所用。无论建筑、音乐、绘画、戏剧、工艺美术等领域，都拥有非常丰厚的民间资源；在岭南这片大地，也诞生过不少思想大家、历史伟人，使岭南文化得以顶天立地，彰显其淳厚而广大的德慧。陈家祠、南越国遗址、南海1号、客家围龙屋、石湾陶艺、粤绣、岭南画派、潮汕工夫茶、广东凉茶、康有为、梁启超，这一张张『岭南文化名片』，便如一朵朵灿烂的文明之花，相约盛放于岭南。

目录
CONTENTS

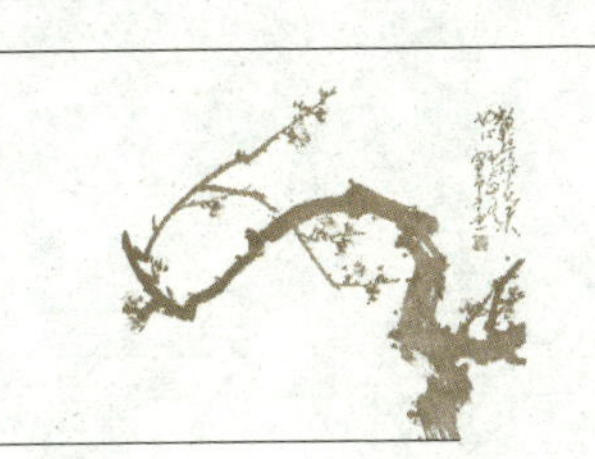

描龍刻鳳展開世紀藍圖
鏤玉雕金重現民間藝術

陈家祠

陈家祠是西关保存最完好的清代建筑珍品，是集岭南历代建筑艺术之大成的典型代表。整个陈家祠是诗、画、乐、文汇集之所，你无法一一读懂。它们在日月星辰下，万古流芳。

· 陈家祠大门

陈家祠是每个到广州旅游的人必去之处。早在1996年，由广州市民投票选出的“广州十大旅游美景”，陈家祠的芳名就已经荣登榜首。2002年，陈家祠以“古祠留芳”入选为新世纪羊城八景。只要你亲身到陈家祠看看，便知道它绝非浪得虚名。

陈姓是广东第一大姓，自古有“广东陈，天下李”之说。1888年，广东的陈氏族人合资购买了广州西门外连元街、简墩、石龙塘、龙头岗脚、福水塘、恩龙里口等合计3.6万平方米面积的土地，用来兴建“陈氏书院”。他们的本意是要建全省七十二县陈姓族人的合族宗祠，但由于朝廷不允许，只能以书院名义建。所以，广州人还是习惯叫它陈家祠，很少叫它陈氏书院的。

陈家祠的选址，可以看出其族人用心良苦。按照中国传统的风水学要求，阳宅应选择地势宽平、局面阔大的地方，枕山襟水，或左山右水，方为上乘之选。官衙通常是坐北朝正南，而民宅就要略为偏向，否则煞气太重，承受不了。陈家祠完全符合这一要求。它的坐向，略朝西南，前方是西关平原，视野开阔，左边是龟岗耸立，右边是上西关涌的一溪碧水。简墩以前还有一个名字叫“简溪”；而荔湾路西侧，现在还有荔溪

· 栩栩如生的灰塑

东约大街等路名，可见昔日都是溪水纵横之地。如果把距离再拉开一点，则左边是越秀山，右边是增埗河，同样可采天地灵气。

陈家祠是广东地区最大的宗祠建筑，占地面积现只余1.32万平方米。1892年，陈家祠刚修了一半，广东就出了个陈伯陶，壬辰科殿试高中第一甲第三名（探花），赐进士及第，令陈氏族人欢欣鼓舞，认为是祖宗显灵了。

陈家祠落成后，由于经费不足，无力延聘教师，立膏火、置书籍的计划，遂成了“画饼”。但要到省城参加科考的陈氏族

· 俯瞰陈家祠

人，还是可以在陈家祠落脚的。当时从外地到陈家祠，有三条最方便的路线，都是水路交通：

其一，从轮船渡头起，过沙面，入澳口南岸、荔枝湾，直泊书院。其二，自沙面起，入西炮台、柳波涌、彭园、观音桥登岸，入五福里，入连元通津到书院。其三，从轮船渡头起，入兴隆街、十八甫、十六甫、十五甫、观音桥、五福大街、连元通津到书院。

轮船渡头即今天西堤码头。虽然这些都

是清代的地名，但今天大多还在，不难找到，只是它们已不再是水路了，而变成陆路了。

陈家祠的设计者和施工总管是一位叫黎巨川的广东人，建筑工程由黎氏瑞昌店承接。整座宗祠分前、后、东、西四院，采用抬梁式建筑结构，硬山式封火山墙。总体采用“三进三路九堂两厢杪”布局，以六院八廊互相穿插。布局严谨对称，空间宽敞，主次分明。外围有青砖围墙，形成一座外封闭内开放的建筑群体，是典型的南方宗祠式建筑。

早在1920年代，陈家祠就被国际学者列为世界代表性建筑之一。它的木雕、石雕、砖雕、陶塑、灰塑、壁画和铜铁铸，无不巧夺天工，与雄伟的建筑混成一体，不愧为岭南民间工艺的经典之作。当年郭沫若赋诗盛

·廊庑

·精美绝伦的木雕

赞："天工人可代，人工天不如；果然造世界，胜读十年书。"

1959年，陈家祠被辟为广东民间工艺博物馆，而它本身就是一件精美绝伦的民间工艺品。光是那20扇门档上的木雕，就足以留住游人的脚步，令目光久久不能移开。东厅的"长坂坡救阿斗""赤壁之战""三顾茅庐""三英战吕布"等，中间的"太白退番书""郭子仪上寿""薛仁贵东征"等，西

厅的“拳打镇关西”“血溅鸳鸯楼”“三打祝家庄”等，其造型生动传神，雕刻精致入微，层次分明，花鸟栩栩如生，可说是广派木雕的代表之作，非鬼斧神工不能为。

广州木雕的特点是造型夸张、布局洗练、气势恢弘、刀法利索，有十分强烈的雕刻感。刻戏曲人物的脸谱，多用旋刀在眼圈外刻上简单的一两刀，其喜怒哀乐的神情，便跃然而出，近距离观看，艺术效果尤为鲜明。

· 华丽的灰塑

·具有岭南特色的满洲窗

灰塑是岭南地区特有的一种建筑装饰艺术，陈家祠的灰塑更是一大亮点。灰塑是以石灰、稻草、草纸、红糖、糯米粉为材料，经过浸泡、发酵、搅拌、锤炼，捏塑出各种形象，再绘上鲜艳的色彩而成。灰塑都是现场施工，民间艺人全凭自己的经验与艺术眼光，根据现场的建筑空间和装饰部位，直接在建筑物上设计造型，直接捏塑。哪里应该有山川、水洞等景物穿透墙体，哪里应该有动物、花卉、人物，每组图案既要各具特色，又要和谐衔接；既要实用，又要美观。

广东地区雨季长、台风多，艺人便巧妙地在景物之间，留出一些装饰性的通风孔，缓解大风的冲力。凡此种种细节，都要求艺人在一开始就从全局的角度，一一考虑周到。

陈家祠的灰塑原有1780米长，分布在屋顶正脊、垂脊、廊门、连廊、屋檐、山墙、墀头、窗檐和内外墙壁上，包括各种吉祥动物、人物、花草。造型灵活多变，颜色大红大绿，五彩斑斓。题材十分广泛，有“羊城八景”“竹林七贤”“三国演义”等，也有蝙蝠、狮子、花草、树木、房屋、山水等。

从这些灰塑作品可以看出岭南民间艺人的丰富想象力与创造力，就以蝙蝠为例，蝙蝠因与“福”字谐音，成为中国民间的一种吉祥动物。蝙蝠和铜钱一起，取“福在眼前”之意；蝙蝠和桃、鱼一起，取“福寿有余”之意；蝙蝠在云中飞舞，取“福运”之意；两只蝙蝠取“双福”之意；蝙蝠与绶带鸟在天空飞翔，取“添福添寿”之意；蝙蝠与鹭一起，取“一路福星”之意。但岭南的灰塑艺人还从蝙蝠衍生出鹰嘴蝙蝠、翘尾蝙蝠、鸡脚蝙蝠等千奇百怪的形象，甚至还有长龙角的蝙蝠，令人啧啧称奇。

“文革”期间，陈家祠遭到严重破坏。两家工厂占用了陈家祠的主体建筑、西院和后院，增设了一千多平方米的建筑物；走廊加盖；室内加层；封闭廊庑；挖地筑台安装机器，造成地面阶砖全部损坏；在墙壁上开凿窗口；乱挖防空洞，造成地基下沉，墙壁破裂、倾斜，石柱、石梁断裂。陶塑瓦脊也

有不同程度的松脱，1780米长的灰塑有七处倒塌，色彩全部掉光；正门东西墙面各有三幅大型砖雕，其中两幅的人物全毁，其余也破损不堪。种种受损情况，触目惊心。

1983年，陈家祠耗资140万元进行复原维修后，重新对外开放；1988年，陈家祠被列为全国重点文物保护单位。1997年12月30日，工厂把全部占用土地交还陈家祠。从此，广州开始把陈家祠作为一张“文化名

片”来经营。

1994年5月，广东民间工艺馆更名为广东民间工艺博物馆，以搜集、保藏、研究和宣传展览广东地区历代各类民间工艺品为主，兼及全国各地民间工艺品。馆内辟有多个展厅，常年展出陶瓷、雕刻、刺绣等工艺精品。其他工艺品种类还有广州珐琅、金银工艺、套色蚀花玻璃，佛山灯色、剪纸、木刻、门面，潮州面塑、麦秆贴画，阳江、潮汕、佛山地区的漆器，以及少数民族地区工艺等。还设有近代家具、书画、文房四宝、

茶艺等展厅、专室。为了提升陈家祠的知名度，地铁一号线原定的中山七路站，也改称陈家祠站，使陈家祠的名气得以大大提高。

1999年，陈家祠东面兴建陈家祠绿化广场。整个广场由前广场、下沉式广场及小游园三大部分组成，总面积2.15万平方米，覆盖着小叶榕、高山榕、大王椰子、刺桐等植物，一片葱绿。2001年，陈家祠的游客首次突破50万大关。新世纪羊城八景出炉后，报章进行了铺天盖地的宣传，陈家祠更是红透了半边天。2002年的参观人数达到90.66万人次，

· 人物灰塑

成为广州文博最多游客的景点。

陈家祠是西关保存最完好的清代建筑珍品。当游客站在聚贤堂前，仿佛置身于历史与现实的交叉点上，流逝的岁月不再是传说，广东先人所演绎的那一幕幕感人肺腑的故事，伴随着敲金击玉的乐韵、缤纷夺目的色彩，从时空深处浮现出来，在游客内心产生共鸣，引起震撼。蓦然，这座城市的悠久历史与眼下这个偶然过客之间，出现了一种扣人心弦的感应。作家洪三泰写道：“整个陈家祠是诗、画、乐、文汇集之所，你无法一一读懂。它们在日月星辰下，万古流芳。”我们读千年古城，何尝不是读着一首精美绝伦的古诗？何尝不是聆听一曲动人的琴声钟韵？

（叶曙明）

西漢南越王博物館

南越国遗址

南越王墓、南越国宫署、西汉水关，堪称南越国最重要的三大遗址。

那是一个金戈铁马唱大风的年代。公元前214年，五十万秦军平定岭南，秦始皇在岭南置桂林、南海、象三郡。公元前204年，秦军将领赵佗正式建立南越国，筑越王城，作为南越国的都城。公元前111年，汉武帝兴兵南征，攻入越王城，南越国灭。为了把南越国的衣冠文物扫荡干净，汉军曾四处纵火，城郭尽成焦土，宫室倾覆，人民逃散，南越国从此成为一个历史的名词。

风露浩然，山河影转，从南越国到今天，两千多年过去了。

1983年6月9日，广州出了一件大事。在解

· 在南越王墓出土的舞玉人

放北路的象岗，考古人员发现了两千多年前的南越王墓。南越国前后凡五世93年，一世赵佗，二世赵胡，三世婴齐，四世赵兴，五世赵建德。眼前这座宝藏，究竟是哪位越王的墓呢？

当第一位考古人员小心翼翼地进入墓室以后，由于四周漆黑，他看不见整个墓室，但手电筒的光线所及，到处都是铜钟、铜壶、铜钫、铜鼎、陶器……一件件奇珍异宝，闪烁着暗绿色的宝光，恍如云霞缭绕，令人不敢逼视。他不禁感到呼吸困难，目瞪口呆，忍不住低声惊呼："我的天！"

一个两千多年前的辉煌宝藏，得以重见天日。虽然不是赵佗的墓，而是他的继位者赵胡的墓，但丝毫没有降低它的历史价值。尤为可贵的是，这座墓在两千多年的岁月里，从未被盗挖过。

发现古墓的消息，就像一道地震的震波，从南向北迅速传递，惊动了广州市文物

管理委员会、广州市政府、广东省政府、国家文物局，乃至国务院。6月24日，国务院批示同意了发掘广州象岗大型汉墓的请求报告。广州市随即成立发掘越王墓领导小组。

南越王墓的格局属于前朝后寝，墓坑采用竖穴与挖洞相结合的方法构筑，整个平面呈“士”字形。墓室南北长10.85米，东西宽12.5米，面积有100平方米左右，分为前后两部分共七室。前部有前室、东耳室、西耳室；后部有主棺室、东侧室、西侧室和后藏室。

前室是墓主赵胡的厅堂，四壁和天花绘有红黑相间的云纹图案，寓意灵魂升天。东耳室是放置宴乐用器的地方，有不少青铜乐器、甬钟、钮钟、勾镏和石编磬等等。西耳室储放各种器皿、药品和珍玩，包括青铜礼器、金银饰件、玉石珍玩、甲胄弓箭、车马饰件等等。

·南越国铜提筒上的船纹，可以看到古越族“羽人”战士的形象

主棺室是安放赵胡棺椁的寝宫。东侧室是四位妃妾的葬所。西侧室是殉葬仆役之所。后藏室是储藏食物、放置炊具的库房。

南越王墓是迄今岭南地区发现规模最大、随葬品最丰富的彩绘石室汉墓。在墓里共发现了15个殉人，10 434件珍贵文物，品类繁多，从丝缕玉衣、帝王金印，到陶璧玉器，从铜钟石磬，到锅碗瓢勺、漆器、丝织物、象牙骨器等等。按材质可分为铜、铁、金、银、铅、陶、玉、玻璃等二十多种；按功能则可分为礼乐、兵器、饮食、服饰等不

· 六山纹铜镜

同的门类。其中不少是我国考古首次发现的稀世珍宝。它们分别带有鲜明的中原文化、楚文化、巴蜀文化、北方匈奴文化、海外文化和岭南文化等多种文化的印记，显示出岭南文化兼收并蓄的特点。

广州市政府决定把古墓周围1.4万平方米的土地划出来，改建博物馆。1988年2月，一座体型浑厚、沉着、庄重、雄劲的建筑，面朝东方，崛起于象岗之上。这就是西汉南越王墓博物馆。

西汉南越王墓博物馆依山而筑，占地14 647平方米，建筑面积17 458平方米。正门气势雄伟，共用了一千多块红砂岩砌筑成高大的石墙。左右暗红的石墙上，是两幅巨型浮雕，两个身高八米的男女越人，头顶日月、赤足踏蛇，凛然有如守护神。两侧分踞着一对跃然欲动的大石虎。雕刻原型分别选自墓中出土的屏风构件、玉璧与错金铭文虎节的图样，透过它传译两千多年前的历史文化。

·汉式“蕃禺”铜鼎

博物馆的整体布局，以南越王墓为中心，结合山坡地形，依山而建，把综合陈列楼、古墓保护区和南越王墓出土文物陈列楼三个不同序列的空间，连续成上下沟通、层层上升的一个整体。博物馆落成之日，舆论一片喝彩，誉其为“20世纪世界建筑精品”。

1996年，南越王墓被列为全国重点文物保护单位。

1995年夏天，在广州忠佑大街的一处建筑工地上，工人从距地表深5~8米

处，挖出了四个“万岁”瓦当。经过勘探发掘，在距地表深约4.5米处清理出一座大型石构水池的西南一角。水池呈仰斗状，池壁用灰白色的砂岩石板呈密缝冰裂纹铺砌。池底平正，用碎石铺砌。

在已发掘区域的东北角处，还有一大型的叠石柱向西南倾倒。水池当中还散落有大量的八棱石柱、石栏杆、石门楣、“万岁”瓦当和板瓦、筒瓦等建筑材料和构件。很显然，这里曾经存在一个规模宏大、栋宇连云的宫署园林建筑群。

据钻探发现，整个水池约4000平方米，目

·铜铸朱雀

前发掘出的仅是其西南约400平方米的一角。清理完水池南壁的一块石板，发现上面刻凿有一个斗大的“蕃”字，令所有考古人员兴奋不已。广州古称蕃禺，“蕃”是“蕃禺”的简称。

2005年，在石水池西南约30米处发现一口南越国时期的渗水砖井，井内出土有一百多枚木简，其中有一枚木简上墨书有“蕃池”两字，以此推测，这个石构水池的名字，很可能就叫“蕃池”。除此之外，在水池的池壁石板面上还刻凿有“皖”“阅”“冶”“□北诸郎”等石刻文字。

考古学家推测，宫苑内的大水池可能是

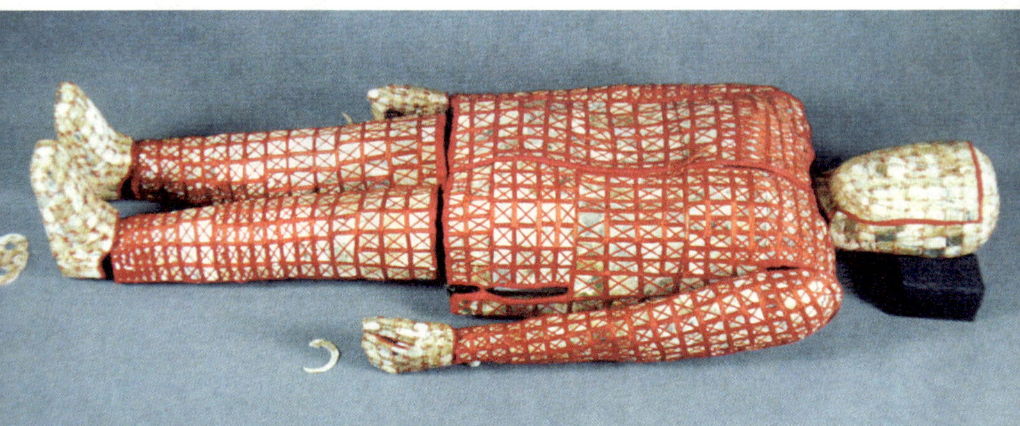

· 丝缕玉衣

南越王赵佗学秦始皇蓬莱三山求仙的地方。南越国出过不少“长生不老药”，当时从秦始皇到汉武帝，这股迷信风刮得很猛，做了皇帝又想升仙。

不过，最让人惊叹的，还是那些石头竟然全是以密缝冰裂纹砌的。这种砌墙工艺以前只见于古希腊的建筑，砌起来十分复杂，在中国还是首次发现。中国古代建筑是以木结构为主的，为什么南越王时代竟会出现古希腊的建筑风格与工艺？这又是一个不解之谜。

1997年，在发掘区的东南面发现一条长约150米的曲流石渠遗迹。这是南越国王宫御苑的园林人工水景，设计独特，构筑精巧。利用渠身宽窄和水位深浅，控制水的流速，从而营造水声喧哗与碧波荡漾的效果。曲渠的东端有一个弯月形小水池，池中饲养了几百只龟鳖，古人把龟、龙、麟、凤奉为四灵，这些龟鳖自然亦被赵佗视为神物，用于观赏

与卜筮。

除了供人游玩观赏之外，曲渠还有一个功能，就是给赵佗君臣做“曲水流觞”的游戏。这是中国古代很盛行的一种文人游戏。夏历三月，人们举行祓禊仪式之后，便坐在河渠两旁，在上流放置酒杯，酒杯顺流

而下，停在谁的面前，谁就取杯饮酒作诗。赵佗身为君主，不能轻易出宫与平民百姓同乐，便在宫中修建曲渠，为流杯曲水之饮。

2006年，在南越国宫署遗址的北面，发现了南越王宫的夯土城墙。城墙呈东西走向，用红黄土夯筑而成，基坑宽约4米，残存最高达1米多。这些遗迹的发现，证明南越国与汉

长安城一样，在都城内还筑有王城，以保护宫苑的安全。

整个南越国宫署遗址面积共15万平方米，有“东方庞贝古城”之称，规模之大，让人叹为观止。

2000年夏季，人们在西湖路兴建光明广场时，又发现了一座西汉水关遗址。所谓水关，就是穿过城墙以通城内外水的闸门。因此，考古学家认为水关上极可能有一座古城门，即南越国的城墙，城门南临珠江。如果这个推测正确，那么，这将是首次找到的南越国城墙遗迹。同时发现的还有东汉建筑基础、东汉和南朝水井、唐代房基、宋代房址

· 玉碗

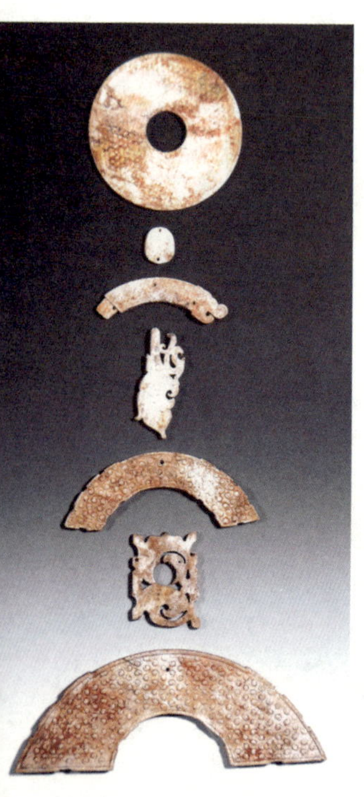

· 玉佩

和走道等遗迹。

水闸遗址高5米，从北往南分“引水渠”“闸室”“出水渠”三部分，是一座由大批排列有序、纵横交错的“八”字形大型木结构建筑而成，既可泄洪，又能防潮。

古代的广州经常受到来自白云山、越秀山的洪水威胁。到了海潮上涨期，咸潮又会把珠江水托起，大举倒灌进城，特别是秋天的台风季节，咸潮更是逞凶肆虐。

水关是保护城市的重要水利设施，洪水来时，可以把闸门打开，泄洪出珠江；而当咸潮来时，放下闸门，可以阻挡潮水入城。据专家说，这个两千多年前兴建的水关，甚至符合2001年颁布的中华人民共和国行业标准《水闸设计规范》。南越国人所创造的一些惊人奇迹，让人觉得匪夷所思。

为了保护这个水关遗址，光明大厦设计了一个近七百平方米的中庭。遗址位于负一层，而首层加盖钢化玻璃罩，恒温、恒湿保护，乘客可乘观光电梯或手扶电梯，从首层到九层都可观赏到水关遗址。光明广场成为全国第一个“室内公共开放式文物”展示场地。

南越王墓、南越国宫署、西汉水关，堪称南越国最重要的三大遗址，把两千多年前广州古城的雄伟风貌，呈现于我们面前，谁还能说岭南是蛮荒之地？

（叶曙明）

· 透雕龙凤纹重环玉佩

“南海1号”是一艘南宋时期的木质古沉船，是目前发现的最大的宋代船只。它将为复原海上丝绸之路的历史、陶瓷史提供极为难得的资料。

岭南文明的兴起，始于商业。早在秦朝以前，番禺（广州）商贸活动就十分活跃，海内外商贾咸集，是一个繁华热闹的商品集散地。《史记》是这样描写广州的：“番禺亦其一都会也，珠玑、犀、玳瑁、果布之凑。”后来《汉书》在此之上又补了一句点睛之笔：“中国往商贾者多取富焉。”原来，在秦、汉时代，就有“东南西北中，发财到广东”这么一说了。

有专家考证，文中所提及的“果布”，并非蔬果布匹，而是“果布婆律”之意，即马来语中的“龙脑香”，这为当时岭南与东

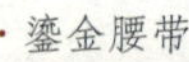
· 鎏金腰带

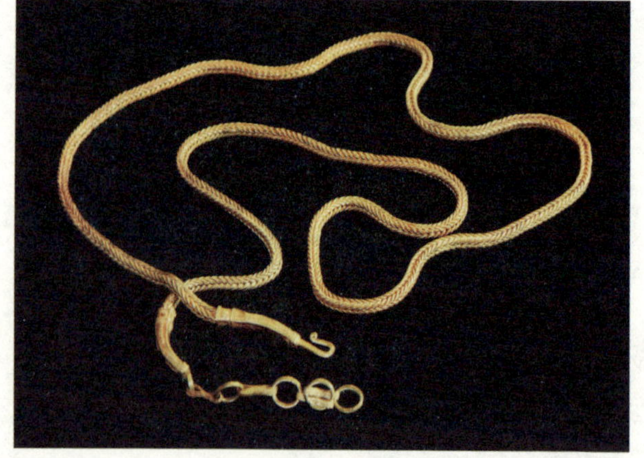

· 2002年打捞出水的各种瓷器

南亚的贸易往来，提供了佐证。在南越王墓中出土了五根非洲大象牙、两河流域的焊珠金花泡、波斯的蒜瓣纹银盒、红海的乳香、面容如南洋人的“胡俑”，更清楚地证明了当时岭南人与海外已经有密切的来往。

史学家吕思勉先生认为：“《史记·货殖列传》言番禺珠玑、犀、玳瑁、果布之凑，此语必非言汉时，可见陆梁之地未开，蛮夷贾船，已有来至交、广者矣。”从目前考古的种种发现，可以肯定，这一判断是完全正确的。

·2002年打捞出水的碗清晰可见当年制造者的名字

汉武帝在公元前139年，曾派张骞率领一百多人的使团，带着大批杂缯（丝绸）和黄金出使西域，开辟著名的陆上丝绸之路。当张骞到达大夏（今土库曼斯坦的阿姆河上游地区），惊奇地发现中国的丝绸、竹杖和枸酱（四川酿的一种酒）正在当地热销。他问商人，这些货物是从哪里来的，商人告诉他，是从身毒（古印度）来的。

后来，汉武帝发军征讨闽越，派番阳令唐蒙到南越国谈判，顺便打探南越国的经济情况与对外联络的通道。唐蒙经过深入调查，得知大夏的中国货是从四川通过牂牁江，经广西的西江运入广东出海销往印度的。由此可以推测，海上丝路的开辟时间，甚至比陆上丝路还要早。

岭南人真是天生的奇迹制造者，当张骞还在“蒸沙烁石然虏云，沸浪炎波煎汉月”的大漠艰难前进时，岭南人的轻舟已过万重山。

汉武帝平定南越国以后，随即派出庞大的官方贸易船队，携带黄金、杂缯（丝绸）等商品，扬帆挂席，逐浪随波，沿着南越国已经开辟的海上丝路航线，前往黄支国（今

印度金奈西南的甘吉布勒姆附近）。

唐代以后，陆上丝路渐渐衰落，海上丝路便益发显得重要。宋代海上丝路的起点和终点都在广州，到广州做生意的大食（阿拉伯）人和波斯人，跨越茫茫大海，乘风破浪而来。常年侨居广州的番商，多达12万~20万人。1077年，广州、明州、杭州三州市舶贸易总收入超过200万贯，是历史上收入最高额的三倍有余，其中98%以上来自广州。

今大德路与海珠中路交界之处，宋代称为西澳，是颇具规模的外贸码头，中外商船

· 见证出水一刻

在这里把犀角、象牙、翠羽、玳瑁、龙脑、沉香、丁香、乳香、白豆蔻等卸下船，把各种精美瓷器、丝织品、漆器、糖、酒、茶、米装上船。每天装船、卸货、泊岸、离岸，穿梭往来，忙碌不停。

广东人每年9、10月间，便乘着东北季风，泛海南下，到东南亚各国经商，来年3、4月间再随着东南季风“回唐山”。6、7月间，商船大部分抵港，10月即将出海之时，官府都会在海山楼设宴款待中外客商。海山楼在今北京路东横街附近，诗人陈去非曾形容海山楼：“百尺阑干横海立，一生襟抱与天开。”能够成为海山楼座上客的，上自“蕃汉纲首”，下至“作头梢工”，不分身份贵贱，不论华夷国籍，一律以美酒肴馔招待。据说，官府每年花在海山楼的酒席费

· 装有“南海1号”的沉箱慢慢移进“水晶宫”

用，多达二三百贯钱。

1080年，大宋朝廷改革外贸制度，规定中国所有商船前往“南蕃诸国”，只能从广州出发，也只能回航广州。也就是说，除了对日本、高丽的贸易，由杭州、明州市舶司管理外，其他几十个国家、地区的贸易，一律由广州市舶司掌管。尽管这一规定殊不合理，实施几年后就废止了，却可以看出广州海外贸易的重要地位。

据《梦粱录》一书记载，当时的海船，大的可以载五千料，乘五六百人；中船也有二千料至一千料，可乘二三百人。一料等于一石，五千料船即300吨船。而《萍洲可谈》

·“南海1号”进入了阳江美丽的“十里银滩”为它新建的“水晶宫”

一书则说，当时的远洋大船，“船舶深阔各数十丈，商人分占贮货，人得数尺许，以下贮货，夜卧其上。货多陶器，大小相套，无少隙地”。

1987年，人们在广东阳江市东平港以南约20海里处，发现了一艘南宋时期的木质古沉船，埋在海底1米深的淤泥里。这艘后来被命名为“南海1号”的沉船，证明古人所说并非天方夜谭。

“南海1号”长30.4米、宽9.8米，船身（不算桅杆）高约4米，排水量估计可达600吨，载重可能近800吨，是目前发现的最大的宋代船只。专家根据船头方位推测，这艘古

· 观众现场观看“南海1号”试发掘

船是从广东驶出，赴新加坡、印度等东南亚地区或中东地区进行贸易。

尽管在海底沉睡了八百多年，但这艘古船的船体保存得相当完好，船体木质仍坚硬如新。这为我国古代造船工艺、航海技术研究以及木质文物长久保存的研究，提供了最重要的标本。

从2007年开始，考古人员对“南海1号”展开整体打捞工作。在此之前，已进行了小规模试捞，起出了金、银、铜、铁、瓷类文物四千余件，多数都是难得一见的稀世珍宝。其中以瓷器为主，包括福建德化窑、磁灶窑、景德镇窑系及龙泉窑系的高质量精品，大多数完好无损，可以定为国家一、二级文物。根据探测估计，整船文物超过八万件。在拍卖市场，曾经有与这些瓷器年代、工艺相当的一个瓷碗，在美国拍出了数十万美元的天价，而这里却整船呈现在世人面前。

宋代对进出口商品，哪些可以经营，哪些禁止经营，都有规定。各色丝织品、精粗陶瓷器、漆器、酒、糖、茶、米等日用品是允许出口的；有些商品是时禁时弛，或禁而不严，如金银、铜器和铜钱等。南宋孝宗淳熙年间（1174—1189），在广州当官的郑人杰

· 水晶宫雄姿

被朝廷降官三级，原因就是他在任时“透漏铜钱、银宝过界”。

照此看来，南宋对金银、铜钱的出口，是悬为厉禁的。但我们在“南海1号”上，却发现了上万枚铜钱，年代最老的是汉代的五铢钱，年代最晚的是宋高宗主政期的绍兴元宝；还有金手镯、金腰带、金戒指等黄金首饰，虽然被海水浸泡了近千年，但却依然灿灿发亮；还有铜环、铜珠、铁锅、铁钉等金属制品。这也印证了“时禁时弛”的说法。

“南海1号”沉船的位置，正好是在海上丝路的航线上，它将为重现海上丝绸之路的

·广东海上丝绸之路博物馆

历史、陶瓷史提供极为难得的实物资料。它是目前国内发现的第一个沉船遗址，也是迄今发现的世界海上考古文物中，实体最大、年代最早、文物最多、内涵最丰富的宋代沉船，被誉为“海上敦煌”。

广东省政府在阳江“十里银滩”上，兴建了一座占地13万平方米的“广东海上丝绸之路博物馆”。博物馆的主展厅是一个巨大的玻璃缸，用来放置“南海1号”，其水质、温度及其他环境都与沉船所在的海底情况完全一样，人们都把它叫做“水晶宫”。

2007年12月22日，在半潜驳船排出近6000吨海水后，“南海1号”沉箱被一个面积

· 文物展览大厅

约540平方米的托盘托起，完全浮出水面。在对沉箱进行进一步加固后，半潜驳船在拖轮的带动下，将“南海1号”沉箱运往“水晶宫”。据专家说，“南海1号”整体打捞方案是世界首创的，在打捞过程中运用了许多自主创新的新技术、新科技。

参观者走进博物馆，透过“水晶宫”的透明墙壁，不仅可以欣赏古船，还可以看见考古人员在水下进行发掘打捞文物示范表演。

岭南文化之所以有强劲和活跃的生命力，不仅得益于与中原文化、吴越文化、巴蜀文化、湘楚文化的不断杂交，也得益于浩瀚南海两千多年不曾中断的海上丝绸之路，使岭南与世界保持着密切的文化、经贸交往。海洋对于广东来说，不仅是生财之道，而且是文化之源、生命之源。

广东之所以在远离中国政治、文化中心的边远地区，仍可巍然独存，而且发展成繁荣富庶之区，在近代史上，成为引领中国前进的航标所在，完全是因为广东是通向南海的南大门所致。

（叶曙明）

客家围龙屋

围龙屋是一种富有中原特色的典型客家民居建筑，从建筑风格到民风民俗处处展示了客家的人文历史，是客家文化的重要象征。

一说起客家建筑，我们便会不期然地想起“客家围龙屋”。

当安史之乱、残唐五代之际，北方常年战乱，田园寥落，十室九空。中原难民像潮水般涌来，梅关道上，应接不暇。当他们扶老携幼、杖履相随，翻越大庾岭时，真是一步一回头，一回头一断肠。

老百姓是恋土重迁的。客家先民从西晋末年开始向南迁移避乱，最初到了湖北、湖

· 倚山而筑的围龙屋

南等地，就不想再走了。后来唐末五代十国，战火烧往长江以南，人民被迫继续南迁至江西、福建等地，又停下来不想再走了。

福建宁化县石壁村一向被客家人视为圣地。宁化地处闽赣交界，西北有高山环绕，形同屏障，保护着这里不受北方战乱影响。唐宋年间来自八省五十多个州县的中原移民，大多先在这里落脚，然后再分散流向各地。这里成为客家方言、客家文化的摇篮。

宋末、南宋末，北方进入周期性的大动乱，天下分崩离析。南宋迁都临安后，大庾岭成为入粤的必经之路，粤西的水路几被完全取代。当元军铁骑杀到时，大批中原士民从这条驿道拥入广东，原居住在珠玑巷的移民后裔，也被难民潮裹挟着，凄凄惶惶，沿水路继续南逃，骨肉流离于道路。有研究者估算，宋朝时直接由珠玑巷和附近五十八村迁出的人口，便有近十万之多。

南宋以后陆续逃入岭南的难民，不乏中

· 围龙屋大门

原的右族名门、官绅士子，被迫滞留在粤北、粤东山区。他们之所以在深山老林里定居，固然因为沿海肥沃之地已被广府人、福佬人所居住，同时也有逃避元军搜捕追杀的原因。男人不敢外出，只能躲在家中哺儿育女，耕作、买卖之事反由女子代替，形成“男主内，女主外”的习俗，并相沿至今。

当他们在穷崖绝谷中挣扎求存时，总是用一句话来激励自己的子弟：“宁卖祖宗田，不丢祖宗言。”所谓祖宗言，就是客家人与中原文化之间的精神纽带。许多客家人的门口，世世代代都贴着“河南世泽，渭水家声”的对联，反映出他们对自己的家学渊源有一份强烈的自豪感。

广东许多地方有捡骨再葬的风俗，即把死者先用棺入葬，等肉身腐化以后，再开棺捡出骸骨洗净，入埕安葬。改葬之俗，广府地区最盛，客家地区次之，潮汕地区再次。有些地方，还会葬完再葬，“屡经起迁，遗骸残蚀，仅余数片，仍转徙不已”。这种习

俗，源于中原人背负先人遗骸，辗转万里，南迁入粤的经历。

客家人聚居的地方，号称“有村必有围，无围不成村”。围龙屋始于唐、宋，盛行于明、清，与北京的“四合院”、陕西的“窑洞”、广西的“杆栏建筑”、云南的“一颗印”并称中国五大民居特色建筑。

客家围龙屋的面积一般在6000平方米左右，大的可上万平方米。围龙屋对“龙、局、水”三要素十分讲究。“龙”就是围龙屋所倚靠的山必须有脉——所谓来龙去脉，

切忌孤峰一座，四无依傍；“局”指局势，以山南为阳，水北为阳，结穴之处，吐唇之地为佳；“水”则指屋前的水势，以一泓清水，潆洄如带为佳。从围龙屋望出去，要有捍门砂把住水口，山水兼具，阴阳平衡，宅基才能永固，人丁才能兴旺。

围龙屋就是客家人的城堡，与西北地区的“土围子”有点相似。其外墙非常厚实，四角有碉堡拱卫，墙体用料以当地黏质红土为主，掺入石子和石灰，反复捣碎拌匀，俗称“熟土”；墙内再埋下以杉木枝条或竹片做成的“墙骨”，以增加其拉力；关键部位还要用石灰、黄泥、沙石为主料搅拌，掺入

适量的糯米、红糖，砌出来的墙，比水泥还坚固，甚至连铁钉都很难打入。

据说，建好一座完整的围龙屋，往往要费时五年，甚至十年以上。粤北始兴县隘子镇满堂村的围龙屋远近闻名，占地1.35万平方米，始建于1836年，历时24年才完工，号称“岭南第一大围”。其内有九厅十二院，仅居室就有777间，完全是一个独立的社区。

围内的基本结构通常是：前置禾坪，后设堂楼，左右为横屋。上辈住上堂，中辈住中堂、下堂间，晚辈住横屋，奴婢、长工住副杠间，尊卑有序，井井有条。晒谷的禾坪（亦称“地堂”）可供族人聚会之用，有些甚至还有练武厅。禾坪旁边通常是池塘，用石灰、小石砌起石墙相隔，矮墙叫“墙埂”，高墙叫“照墙”。池塘主要用来放养鱼虾、浇灌菜地和蓄水防旱、防火。围内舂房、磨房、鸡舍、猪圈、牛栏、柴房、谷仓、水井等生活设施，一应俱全。如果遇上战乱或匪患，把大门一关，在里面守上两三个月不出来，也毫无问题。

围龙屋的设计特点是以南北子午线为中轴，东西两边对称，前低后高，主次分明，坐落有序，以屋前的池塘和正堂后的“围龙”组合成一个整体，里面居住着几十人、上百人，乃至几百人。轴线分明有显示秩序与权威的作用，这是北方城池的特点，南方人不太讲究，但客家围楼却把这个特点继承了下来。

宗族祠堂是围龙屋里最重要的建筑。依照儒家学说，生命的意义，在于前有所承，后有所续，尽人道则与天地万物相通。所以中国人对一己生命的存留，并不看得特别严重，“生有时，死有日”，没什么大不了的。但对祭祀祖先与传宗接代，则视为头等大事，通过宗祠香火的传承，永不绝祀，让有限的生命达至无限的意义之境。

对于离乡背井的人来说，祭祖先、拜鬼神，则更有一层缅怀先人开族之劳、创业之苦，以表饮水思源、慎终追远之意，是对宗族血脉的传承与兴旺的一种期望。丰顺县的建桥围村面积达到1.5万平方米，建于明朝

1597年前后，内有三街十二巷，光祠堂就有九座。内里结构严谨匀称，精巧细密，简直天衣无缝。

2010年10月，中国古村落保护与发展研讨会在广州花都举行。研讨会发布了国内首部关于古村落保护、发展备忘录，并正式授予梅县水车镇茶山村“中国古村落”称号，这是广东第一个“中国古村落”。

茶山村位于粤东群山环抱之中，完好地保留着31幢始建于明代至民国初年的客家民居。这些客家民居大部分是二层结构和二字两横、二字四横、二字六横和三字多横（十厅九井）形式，其中包括有四百年历史的绍德堂，三百年以上历史的萼辉楼、创毅楼、伯荣楼，两百年以上历史的承庆楼、德崇楼、司马第楼等，一百年历史的萼英楼、振华楼等。

从前客家人生活环境十分艰苦，他们养成了一种团结、互助、坚忍、顽强、吃苦耐劳的性格，血缘近亲住在一座围龙屋里，有

利于家族宗族团结、互助合作，也可以防御外敌。

山区的艰苦生活，把客家人磨炼得特别能吃苦，也特别注重教育。南宋时的梅州知州方渐曾说：“梅人无植产，恃以为生者，读书一事耳。”试想，在夕阳照耀下的围龙屋，一个衣衫褴褛的小男孩骑在牛背上，用清脆的童声唱着“月光光，秀才郎；骑白马，过莲塘；蓄个鲤嫲八尺长，鲤嫲背上承灯盏，鲤嫲肚里做学堂。做个学堂四四方，掌牛赖子读文章”，我们能不被客家人对读书的渴求深深感动吗？山区的孩子，通过传唱这些儿歌，从小就树立了不读书就不能成家立业的价值观。

由于客家人重视文教，崇尚读书，使得客家地区的人文长盛不衰，群贤辈出，引领风骚。自从清代雍正时设嘉应州以后，每年应童子科考试的客家子弟，都在万人以上。乾隆时广东一连五科解元都是嘉应州人，至

· 客家老屋

今梅州仍是全国有名的文化之乡。在20世纪的中国政界、军界、科教文界，更是诞生了众多的客家精英，为中华文化的传承写下了灿烂的篇章。

时至今日，人们一说起客家人，马上会联想起刻苦、勤俭、坚忍、顽强、守信、重孝悌、重名节、重文教等性格特征。客家人是大山的儿女，一代一代客家人辛勤耕耘的梯田、茶山，是他们勤劳创业的象征；而围龙屋则体现了他们守望相助的精神。

（叶曙明）

石湾陶艺

石湾陶艺具有很高的历史、科学、艺术价值，在中国陶瓷艺术史上有着不可替代的作用。

话说佛山是珠江三角洲民间艺术的摇篮，而佛山石湾公仔的出现由来已久，它被称为佛山历史上光彩夺目的“五朵金花”之一，《广东通志》也有“石湾缸瓦甲天下”之说。当代著名的陶艺大师庄稼说：“石湾陶器是一种具有民族气派和地方特色的民间艺术。在中国制陶史上，有‘官窑’和‘民窑’两大体系。石湾属于后者。”

石湾镇位于佛山市禅城区西部。1976年，广东省博物馆与佛山市博物馆在石湾大帽岗东面的河宕发掘出一处商代贝丘遗址，

出土了一批有纹饰和光素的红陶、白陶、黑皮陶器及大量硬陶印纹陶片。这些陶片距今约五千年，纹饰有绳纹、篦点纹、凸弦纹、曲折纹、云雷纹、叶脉纹、圈点纹、编织纹等，纹饰规整、清晰，印痕较深，且印纹较大。这处遗址是岭南地区几何印纹陶发达时期的典型遗址。

· 仿定白釉牡丹梅瓶

石湾陶艺最早可追溯到新石器时代，从石湾东汉墓出土的陶塑可见其雏形。1964年，广东省博物馆和佛山市博物馆在石湾东部澜石的东汉墓葬里，出土了大批陶器，有壶、瓿、罐、钵、勺、谷仓、井、灶、猪、羊、牛、鸡、鸭、舞蹈俑、奴隶俑等，这反映了石湾制陶的悠久历史和高超的制陶技术水平。

· 白鱼子纹釉莲口五联瓶

有科学依据的石湾陶业产生的时期应为唐、宋时期，唐代石湾制陶手工业已颇具规模。1957年和1962年的广东省博物馆分别在石湾大帽岗下发现唐、宋窑址。上层为宋窑，出土的陶瓷器釉色有青、青黄、黑、酱黑、

· 太白醉酒

酱黄等；器形有碗、盘、盏、壶、罐、盒、埕、沙盆、兽头陶塑和堆贴水波纹坛等；窑具有匣钵、擂盆、擂杵、渣饼、垫环、试片等。下层为唐窑，出土有青釉和酱黄釉的碗、盘、魂坛、炉等。

石湾陶业的大发展是在明、清时期。明代石湾窑遍地开花，本地陶泥、岗砂等原材料已无法满足生产需要，要从东莞等地大量运进。许多山冈都被人挖到满目疮痍，“几乎削肤见骨”，明、清两代官府多次立碑禁挖，但利之所在，屡禁不止。

清代石湾窑进入了全盛时期，《简明广东史》一书记载：“石湾陶瓷以美观、实用著称，行销两广及吕宋诸国。市场商品需求量不断增大，刺激了石湾陶瓷生产迅速发展。在乾隆年间，分为海口大盆行、横耳行、花盆行、白釉行等22行，成为综合性的陶瓷生产基地。产品分为日用陶瓷、美术陶瓷、园林陶瓷、手工业陶瓷、丧葬用品五大类。品种繁多，约计千种以上。单以花盆行而论，在乾隆年间就有三百余种，生产规模相当大。据记载：嘉庆二十三年（1818），石湾有缸瓦窑四十余处。由于陶窑多，所以‘石湾六七千户，业陶者十居五六’。但这还不是全部的从业陶工，还有农闲季节从高要、四会、东莞、三水等地来石湾做工的季节陶工。”

而据《石湾陶业考》载，石湾陶业全

· 日月神（清）

盛时期，共有陶窑107座，容纳工人六万余人。屈大均《广东新语》载："石湾之陶遍二广，旁及海外之国。"足见当时石湾陶器的鼎盛局面。光绪《南海乡土志》载，石湾窑"每年出口值银一百余万元，行销西、北江，钦廉一带及外销各埠"。而光绪年间的抄本《南海乡土志》也有类似记载："缸瓦窑，石湾为盛……年中贸易过百万，为工业一大宗。"又载："本境所产之物……所制之品以绸缎、罐瓦为大宗。""缸瓦，由石湾运省……每年出口值银一百余万元。"根据《南海乡土志》的统计，石湾窑的陶瓷销售量，在"本境所产之物"中，雄居首位。

石湾窑艺术陶塑题材十分广泛，主要有仙佛道人物类、鸟兽鱼虫类、山公亭宇类、瓜果器物类、仿古器物与仿历代名窑产品类、彩绘山水人物器皿与画屏类、园林建筑瓦脊装饰类、丧葬祭器陶塑类。

其中人物类（俗称"石湾公仔"）题材

最为丰富，多取材于民间神话传说或历史故事，有观音、弥勒、达摩、罗汉、八仙、葛洪、陆羽、尼姑、乞丐、钟馗、仙女、老子、孔子、诸葛亮、关公、张飞、李逵等，以古代人物居多；形态有饮酒、弹琴、下棋、挖耳、摇扇、行走坐卧，姿态各异，活灵活现，妙趣横生。

鸟兽鱼虫类则多为狮、虎、象、猴、猫、狗、牛、马、鸡、鹅、鸭、鹰、鹤、龙、鱼等。山公亭宇类是微型陶塑，用来点缀盆景石山。山公即石山公仔之意，大小约

· 千手观音

· 万佛朝宗

为三分、五分、一寸、二寸等，超过二寸的就不算是山公了。山公题材有对弈、饮酒、垂钓、读书、弹琴、犁田、插秧、龙舟、骑驴、牧牛，以及房屋、牌坊、华表、亭、塔等建筑物。规格虽小，但细致入微，惟妙惟肖，历来为海内外人士争相购藏的珍品。

瓜果器物类是用于陈设装饰的，常有仙桃、佛手、柚子、香蕉、荔枝、枇杷、杂果、鼓墩、花盆、壁瓶、水注、笔筒等。

石湾陶瓷也大量用于建筑装饰，包括各色琉璃瓦、色釉栏杆、华表、花窗、龙凤陶塑、瓦脊群像等。佛山祖庙屋脊上的群像，就是由陶瓷大师文如璧在1899年塑造的。瓦脊长十七米，雕塑有一百多个人物、二十多只鸟兽、十几座亭台楼阁，题材取自《进宝图》《姜太公封神》和《郭子仪祝寿》等历史故事；脊顶正中是一个大“宝珠”，左右并列鳌、凤各一对。

正如陶艺大师庄稼所说，石湾艺人的这些作品，“是表达人民称颂豪侠正义，还有赞美自己劳动果实的各种家畜、花果和蔬菜等等，思路开阔，不拘一格，甚至对于那些

②

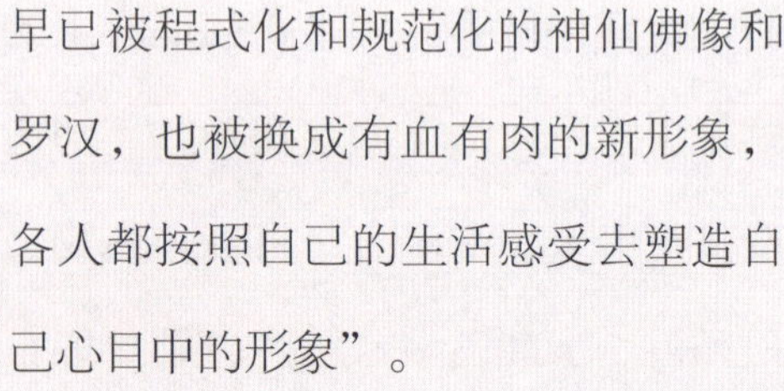

早已被程式化和规范化的神仙佛像和罗汉，也被换成有血有肉的新形象，各人都按照自己的生活感受去塑造自己心目中的形象”。

石湾公仔善于吸收各种文化艺术的精华，形神兼备，高度写实与适度夸张相结合，生活性与艺术性兼而有之，地方风格鲜明独特。

行家介绍石湾公仔分三行，有人称之为“三绝”，即：瓦脊公仔（演变为目前创作者最多的桌面人物公仔）、动物碌胎毛技法、山公（微塑公仔）。虽然石湾公仔只是民间工艺品，隶属民窑的产物，名气比不上景德镇官窑烧出来的瓷器，但是浓浓的岭南地域特色，就是它的精髓之处。

石湾公仔的第一特色是造型生动传神，无论人物、动物或器皿，都致力于典型化的塑造，各种造型风格独

·昭君出塞

具匠心，较少雷同，达到“百物百形，千人千面”的艺术境界。第二特色为胎壁厚釉层厚，目前釉色达近百种，这些釉色为石湾公仔艺术增添了丰富的艺术美感。技法多样性为石湾公仔的第三特色，分成型技法、造型技法、产品的施釉技术等多种不同层面的创作方法，这里有传统的继承延续，也有鼎革创新，而创新的部分为石湾公仔的发展注入了新的活力。

中华人民共和国成立后，石湾陶塑全面发展，首先老一辈陶瓷艺人如区干、刘传等

人以传、帮、带的方式培养了大批人才，加之上级文化部门选派了一批有美术专长的干部到石湾，如高永坚、谭畅、庄稼、曾良等人，他们为拯救石湾陶瓷艺术，继承遗产、抢救遗产，作出了卓越的贡献。

石湾陶艺家注重艺术理论的学习和创作经验的总结，注重用理论和一定的艺术观念来指导自己的艺术实践。他们既进行现代陶艺探索，创作了大量具有现代审美趣味的作品，又坚持延续石湾传统的制陶文化，创作出大量富有传统地方特色的作品。

有人说石湾公仔题材“堪称为一部浓缩的中国民俗文化百科全书”。石湾公仔艺术经历了千百年的沉淀，具有很高的历史价值、科学价值和艺术价值，被誉为东方艺术明珠，在中国陶瓷艺术史上有着不可替代的作用。2006年，石湾公仔技艺等六个项目入选第一批国家非物质文化遗产名录，石湾公仔技艺等八个项目入选广东省第一批非物质文化遗产名录。此外，佛山石湾还获得“中国陶瓷名镇”“陶艺文化之乡”“民族民间艺术之乡”“陶瓷名镇”等众多殊荣。

（史鑫　等）

粤绣

粤绣，是以广州市为中心的广绣和以潮州市为主的潮绣的统称，与苏绣、蜀绣、湘绣并称为中国四大名绣。

· 潮绣

广绣有文字可考的历史，可以追溯到唐代。805年，也就是唐永贞元年，广州向皇宫进贡两幅刺绣精品，一幅是《法华经》，另一幅是《飞仙盖》。这两幅刺绣都出自南海女子卢眉娘的巧手。

据苏颚《杜阳杂编》记载，卢眉娘“幼而慧悟，伶巧无比，能于一尺绢上绣《法华经》七卷，字之大少，不逾粟粒”，但“点画分明，细于毫发，其品题，章句无不具矣”。而《飞仙盖》约阔一丈，“以丝一钩分为三段，染成五色”，上面绣着十洲、三岛、天人、玉女、台殿、麟凤之像，而执幢、捧节童子亦不啻千数，但其重量却不足三两。人物楼阁自然风物，皆生动传神，构图虽繁密，却丝缕清晰，转折自如。

唐顺宗对两幅广绣作品爱不释手，立即召卢眉娘入宫，封其为“神姑”。后来唐顺宗死，唐宪宗继位，卢眉娘因不习惯宫中生活，请求南返。唐宪宗无奈，只好把她放归南海，仍赐号曰“逍遥”。

广绣分为两大品类，一是盘金刺绣，二是丝绒刺绣。前者以金线为主，构图饱满，

· 潮绣

金碧辉煌，热闹欢快。后者则开丝纤细，色彩细腻微妙，针法丰富多变、纹理分明，绣出的花鸟尤其精美。粤绣常用百鸟朝凤、海产鱼虾、佛手瓜果一类有地方特色的题材。绣工多为男工所任。绣品品种丰富，有被面、枕套、床楣、披巾、头巾、台帷、绣服、鞋帽、戏衣等，也有镜屏、挂幛、条幅等。

明、清两代，是粤绣最鼎盛的时期。明代有“广纱甲天下”之称，广州、佛山等

· 他日相呼

地的丝织品如缎、绸、绢、䌷等，光辉滑泽，色泽鲜华，因此大受欢迎，金陵苏杭皆不及。

明代粤绣还以国外进口的孔雀尾羽织成丝缕，绣制成服装和日用品。据屈大均《广东新语》记载，“有以孔雀毛织为线缕以绣补子及云肩袖口，金翠夺目，亦可爱，其毛多买于番舶”，“苏门答腊、暹罗、佛朗哥、安南……诸番贡物，均有孔雀毛、孔雀翎”。

1957年，广州市附近发现了明正德年间的墓葬，其中出土了几件明代金银线绣的衣物，其精巧程度被描述为：“铺针细于毫芒，下针不忘规矩，器之掩侈，纹之隐显，以马尾勒绒作勒线，从而勾勒之，轮廓花纹自然，工整明显，针眼掩藏，天衣无缝。”另一块流入日本的凤凰蔓草纹绣片，以平金针法绣制的凤凰图案，富丽堂皇；而用套针、锁绣等针法绣制的蔓草纹形态生动，充

· 喜迎春

分表现了明代广绣的独特技艺。

16世纪，一位葡萄牙传教士来到广州，看到人们脚上的珠绣花鞋时，不由得对广州人穿着“绝妙的艺术品”满街走大表惊讶。一位葡萄牙商人买了一幅广绣龙袍绣片，回国献给国王，博得龙颜大悦，大加赏赐，使广绣名噪一时。英国人也开始来样加工，英女皇伊丽莎白一世就曾专门派人到广州订绣耶稣像和国王像。从此，讲究透视、光线的西洋艺术技法风格传入广东，对广绣产生深远影响。

广绣因此身价百倍，成了抢手货。无数雍容华美的挂屏、台屏、条幅、团扇、戏服、绣鞋、帐衽、台帷、挂裙、被面、床楣，从广州的绣坊流入皇宫、流向海外和天南地北。刺绣行业一片繁荣，名工辈出。

清代，“洋船争出是官商，十字门开向二洋，五丝八丝广缎好，银钱堆满十三行”的盛景，在广东沿海出现。广州、南海、佛山、顺德丝织业繁盛，大量出口海外，深为东、西二洋喜爱，而这几地也成为广绣发展的中心地区。

鸦片战争以后，清廷门户洞开，汕头、湛江、海口均辟为商埠。1900年，经由粤海关输出的绣品价值白银49.7万两。《南洋劝业会报告》记载：“吾国绣品销外洋者，广东最多。”

清嘉庆、道光年间（1796—1850），广州形成了洋行绣庄（绣铺）、作坊等生产经营结构，仅状元坊的广绣工场与商店就有几

· 琼楼清韵

十家，并向番禺、顺德、南海等地发展。状元坊、新胜街、沙面等地的绣工，多达三千余人。清代宫廷曾收藏有明代粤绣《博古围屏》等八幅，上面绣制古鼎、器、玉器等95件，每幅高六尺八寸五分，宽一尺五寸，素绫缎作底，线头针脚都十分精美细致。

当时广东的绣庄对绣品的工时、用料、图案、色彩、规格、绣工价格等都有具体的规定，可见绣庄经营的体系化与管理的规模化都日渐成熟。绣庄大量生产室内装饰和日用衣饰的广绣绣品，除了满足国内所需，对外出口亦进入全盛时期。

状元坊的绣坊，大部分都是粤绣，像鸿章、余茂隆等店铺出品的珠绣云额、珠绣拖鞋、钉珠围裙、荷包、扇套等，手感柔滑，花纹繁复，色彩浓艳，极富装饰性，是典型的粤绣风格，在海内外市场享有盛名；而珠绣粤剧戏服，采用钉珠方法，在戏服花纹图案的边缘，钉上玻璃珠串，造成珠光宝气、华丽夺目的效果，这种特色工艺，绝非传统的色绒线刺绣可比，顾绣与之也相差甚远。

粤剧伶人的舞台戏服，大致上是依照明代服饰设计缝制的，有蟒（袍）、靠（甲）、海青（衣、装）、披风、师爷服、京庄、褂、围等。状元坊的余茂隆戏服店，是从佛山迁来的，规模最大，工艺最精。“其服饰豪侈，每登台金翠迷离，如七宝楼台，令人不可逼视，虽京师歌楼，无其华靡。”这是清道光年间《梦华琐簿》一书对状元坊广绣戏服的描述，百年之后重读，字里行间，依然霞光闪烁。

自晚清迄于今，诞生了余德、黄妹、陈荷影、陈淑娴、聂卓、邓伯江、吴荣、许炽光、陈少芳等一批承先启后的广绣大师。

关于潮绣的起源，曾经颇有影响的观点是，以唐玄宗开元二十六年（738）潮州开元寺中的幡盖等绣品，来佐证唐代潮州刺绣已达到相当水平。而确有记载的，最早提及潮绣的文字，则是1254年潮州知州陈炜在《题湖平石壁》诗中写的“朱幡影里绣屏好，绿盖香中画舫行”。宋室南迁之后，大批民间艺人，包括陶瓷、刺绣、泥塑等从中原地区，经过江浙与福建，将先进的技艺带入潮州，这从潮州诸多姓氏族谱的考证中都能得到佐证。

潮绣有强烈的地方文化色彩，构图饱满均衡，针法繁多，纹理清晰，金银线镶，托地垫高，色彩浓艳，装饰性强，尤以富有浮雕效果的垫高绣法独异于其他绣法。此外，以金碧、粗犷、雄浑的垫凸浮雕效果的钉金绣尤为人所瞩目，宜于庙堂会所装饰和喜庆之用。

明正德年间在潮汕地区境内的祠堂庙宇已处处可见民间迎神赛会，“正月灯，二月戏，清明墓祭。神台帐幔，描龙绣凤，仕女穿戴，咸施彩缯”。据旧志记载，潮州安济圣王宫中每逢神诞之日，乡民会还愿祭神，神袍要不断更新绣制，“各以重金聘绣庄名师，一袍百数十金，其隆重虔诚，世不多见”。可见在明代潮州城内浓厚的民间风俗影响下，刺绣业的发展已具相当规模。当时的府县衙门内还设有专职绣花匠，专为官吏绣制衣饰。

在《潮州府志》中，亦有如下记载，当时的潮州民间“农家女不事耕耘，以针线互夸”。深巷之中的寻常人家，有多少这样心思巧慧的女子，无论春晨秋夕、夏午冬夜，穿针引线，细细绣作。据记载，明代潮州由于民间刺绣规模的不断扩大，形成了“东门晒渔网，西门摆花规（刺绣），南门削竹箸，北门跧脚腿”的繁华景致。时至今日，潮州市区的西门仍是传统刺绣工艺的基地。

1910年，潮州绣品参加在南京举行的第一次南洋劝业会，潮绣有多幅作品参展并获得嘉奖：大幅挂屏《苏武牧羊》《丹凤朝阳》

《郭子仪拜寿》《狮子头》《海龙王头》《鹌鹑鸟》等，而这些绣品是被誉为“24位绣花状元”的林涛生、蔡戌子、尾仙、张桂泉、林伯、如伯、林新泉、王炳南、王钟南、蔡钟、李和彬、卢海清、冬瓜师、杜江宁、洪钟、吴坤、吴钦、托伯、乌糖、白糖等24名男性绣工绣制的。而之后的林智成与魏逸侬，更是远近闻名的潮绣大师。

传统图饰与富丽西风，民间情韵与洋画光影，传统与现代交融共生，中式与西式交相合璧，呈现的正是粤绣别具一格的艺术世界。这世界，是传统现代并行不悖、交相融入的神奇景观，此间自有奇异智慧、传奇人生。

2006年，粤绣进入第一批国家级非物质文化遗产名录，广绣大师陈少芳与潮绣大师林智成成为粤绣两大地方性品类的传承人。在粤绣珍品的保护工作中，陈家祠、广东省博物馆、荔湾区锦纶会馆、佛山博物馆、潮州

博物馆、潮州湘桥区民居文化展览馆，以及广绣艺人开设的私家陈列馆，如陈少芳位于番禺的广绣艺研究所与位于芳村的花鸟鱼虫市场内，都珍藏着不同数量的粤绣珍品。

粤绣的现代发展，如能保持同日常生活的紧密联系，在保证欣赏性的同时，寻找到传统工艺与现代时尚巧妙共融的可触点，开发一部分满足市场所需、引领市场潮流的产品，将是粤绣重回公众生活的绝好途径。

袅袅沉香，即将散尽，传奇脚步，渐行

· 京城会（木偶刺绣钉金绣）

渐远……芬芳绣史缓缓落幕。然而，“以美启真”之心常在，美常在，绣史未终，芬芳不绝。

（黄柏莉）

十香園

岭南画派

岭南画派是海上画派之后崛起的最成体系、影响最大的一个画派。它是中国传统国画中的革命派。

“十香园”是一个具有诗意的名字，在这个诗意的栖居之地种了夜来香、素馨、茉莉、白兰、含笑、瑞香等十种香花，名字的由来即如是。十香园确是一个赏花的佳处，但如若你把它理解为一个花园那就错了。

十香园被誉为岭南画派的摇篮，是清末著名画家居廉设帐收徒之所，位于现在的怀德大街。1828年，居廉出生于广东番禺隔山乡（今广州河南沙园街内），少年跟随堂兄居巢习画。居巢和居廉潜心探究，不泥古、敢于创新，创研了“撞粉”“撞水”的绘画手法，日渐在画界享有盛誉，后人称其为“二居”。

居廉的花鸟画在师承前代的同时锐意变革，掺入了自己的绘画实践。以写生为基础，笔法上兼工带写，用色艳而不俗；特别注重从造化中吸收灵感，因此，画面欣然成趣，形成了“居派”，又称为“隔山画派”的典型画风。

居廉的绘画到了晚年更是达到了炉火纯青的地步，有人对其评价：“写花得向背掩映之神，故极妍尽态，而叶能反折得势，枝能秀劲生动，又得风晴雨露月雪之变态。多写生，得花叶形状之真确，多悟想，得章法位置之巧妙，故能随意挥洒，遂成妙图。”所以慕名拜师学画者甚多。

居廉一生的大部分时间在十香园里度过，在这里他不仅创作出大量的艺

· 居廉

·居廉　花鸟

术佳品，而且还培育出伍德彝、高剑父、陈树人等一代画师，从而奠定了岭南绘画的突起。

1892年，一名少年拜师65岁的居廉，他就是岭南画派的创始人之一高剑父。居廉的才学和创新，为天资聪慧的高剑父奠定了较高的起点。1900年，十香园里又出现了一个响亮的名字——陈树人，岭南画派的另外一位创始人。在十香园里，居廉不仅在绘画技法上对高、陈两人产生了影响，同时还培养了他们的创新意识。这无疑奏响了高、陈二君改革中国画、创建“新国画”的前奏。

有关岭南画派的界定，众说不一。其中较为中肯的一说是：岭南画派是指广东一带的以调和中西艺术为宗旨的画派；高剑父、高奇峰、陈树人为画派创始人。“两高一陈”被后世称为“岭南三杰”。

对于岭南画派的评判，可谓褒贬不一。多从技法材料上对其进行概括：“喜用熟纸、熟绢加之撞水撞粉的技法”，“岭南派画实际上是日本画的变种”，“是西洋水彩画”。此种种说法，对岭南画派的评判是有失公允的肤浅之言。因为岭南画派的风格面貌之形成，绝非只停留在技法的层面，更为

· 现代模拟的当年居廉和徒子们的教学场景

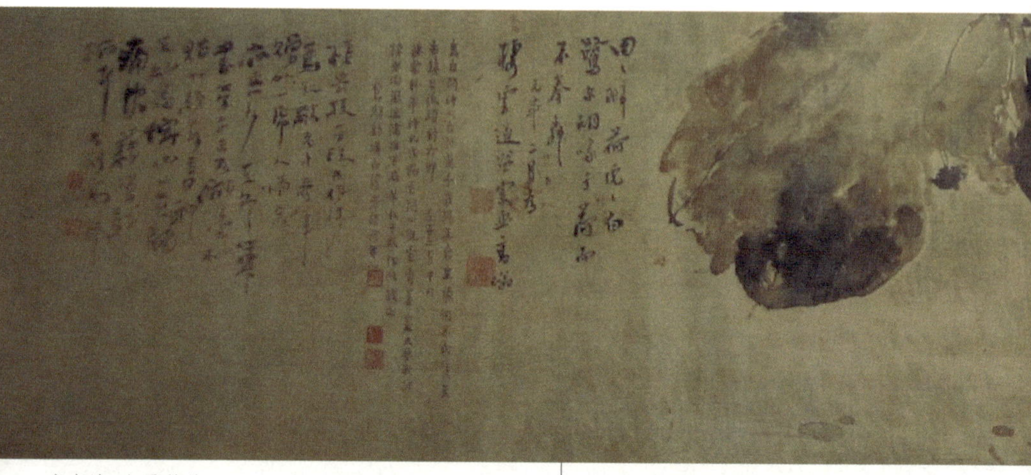

· 高奇峰 白露莲花

主要的是其绘画思想上的革新。换句话说，岭南画派的技法是其绘画思想的载体。

岭南画派的第二代代表人物关山月认为：“岭南画派之所以在中国现代美术史上产生广泛的影响，受到进步人士的支持和肯定，主要因为它在新旧交替的历史时期，代表了先进的艺术思潮。它揭起的艺术革命旗

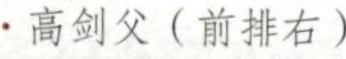

· 高剑父（前排右）

帜，主张以新的科学观点对因袭、停滞的旧中国画来一番改造。它主张打破门户之见，大胆吸收外来的养料……它反对尊古卑今的保守观念，强调紧跟时代的步伐，创造出能反映现实生活和时代精神的新中国画。”这些文字对岭南画派的艺术特色，予以了较为明晰的梳理。

在绘画史上，任何绘画派别的产生和发展，都有其独到的绘画思想，有其超越前人的创作理念和创作方法。岭南画派无论在创作内容还是创作形式上皆表现出标新立异之

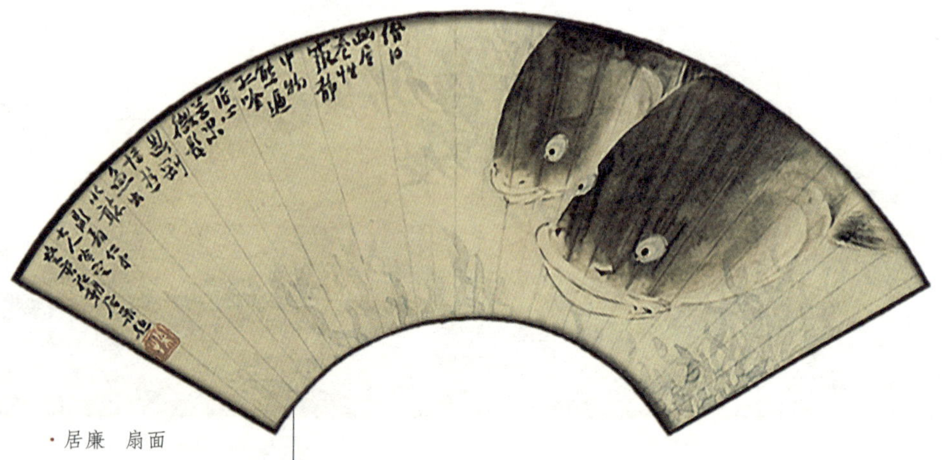

· 居廉 扇面

创举。

在绘画创作手法方面，岭南画派的主要观点是“合炉而冶，折而中之，以我国之古笔，写西洋之新意”，其中的“折而中之”，有着非常广泛的外延。岭南画派主张“以我国之古笔，写西洋之新意”，认为“促进现代画（以后称新国画）之成立，最好是中画西画两派有相当造诣的人，起而从事”。

高剑父提出中西绘画要“调和取舍、互换所长”，除此之外，在岭南画派的折中思想中，还包括对日本画和印度画的研究和吸收。尽管岭南画派坚持“日本画即中国画”的观点，但是，毕竟“日本画有它可取的特色”，日本学者鹤田武良曾经谈到高剑父对日本绘画的模仿。此外，高奇峰的某些作品也体现了早年对日本风格的模仿以及变革中国画的探索。岭南画派还考察和研究印度绘画，吸收了印度作风。

这些表明，岭南画派主张的“折而中之”，不仅包含了中西范畴的折中，而且还包含了对日本画、印度画的研究、吸收和折中。在“折而中之”的过程中，

· 高奇峰　喜鹊登梅图

· 赵少昂　一枝春风

岭南画派主张以中国画为本体。高奇峰认为应当“将中国古代画的笔法、气韵、水墨、赋色、比兴、抒情、哲理、诗意那几种艺术上最高的机件，通通都保留着”；高剑父提出“不主张全盘接受西画”。这些论述表明，岭南画派提倡的折中，“不是投胎在西画的怀里，变作西画的面目”，而是要创建“健全的、合理的新国画”。

折中中外、融合古今的绘画思想，还体现在“岭南三杰”的艺术教育中。高剑父在教导学生时强调：“我们要改革文人

高奇峰　松鹰图

· 杨善深　燕山老君庙

画……以西洋画的写生方法画宋院画，取其写实，去其刻板。西洋画很多长处，色彩丰富，光感很强，质感逼真，国画这些方面就显得不足。但西洋画没有气韵，这是最大的缺点，搞国画改革，就是要吸收西画所长，克服国画所短，从而使国画艺术出现一个崭新的面目。”高剑父在教学活动中，还经常拿印度画给学生观赏。

中国绘画历来占据统治地位的是文人画，它要求在绘画中寄托高古的风格气度。无论山林花卉皆被人格化，所以有“松、竹、梅、兰”四君子的题材，有以山林喻品格的表现方法。总之，在传统的绘画观念中，“气”“韵”是绘画品评的最高标准。这就要求绘画必须表现出风雅、高古的气格，因此在题材的选择上非常考究，凡俗之物概不入画。

岭南画派拓宽了绘画题材的范围，主张“世间一切，无贵无贱，有情无情”，都可

· 赵少昂　墨梅

·关山月 山水

以入画，尤其注意具有时代气息的事物。高剑父的作品中常常表现新事物，如穿西装的人物，飞机、汽车等科学化的物体。

·关山月

岭南画派不仅注重表现新事物，还注重关注现实生活，表现民间题材。高剑父说：“如民间疾苦，难童、劳工、农作、人民生活，那啼饥号寒，求死不得的，或终岁劳苦、不得一饱的状况，正是我们的好材料。”由此可以看出画家的社会责任感和现实主义情怀，与前代的画家相比，这是甚为可贵的。

岭南画派还主张从日常生活中广泛选材，诸如飞鱼、木瓜、菠萝蜜、粽子、饼干、收音机这些“前不见古人”的东西，也在高剑父的作品中出现。这些题材都是西方静物画中的题材，而中国画的分类中是没有静物画这一分科的，从这里我们也能看到岭南画派融汇中西的创新精神。

岭南画派在色彩的处理上，突破文人画

的固有条框，继承宋朝院体画写生设色、“随类赋彩”的传统；吸收日本、西洋画家重光重色的优势，创造了作品独特的“好色”风貌。岭南画派也一反传统中国画“以墨为主、以色为辅”的观念，努力挖掘和拓展色彩的表现空间，在用色上或“色墨并重”，或“以色为主、以墨为辅”，极大地丰富了中国画的色彩表现力。这一创新促进了绘画风格流派的多样性、艺术语言的现代化；同时，将空间感、立体感引入中国绘画之中。

岭南画派第二代的代表人物有黄少强、赵少昂、方人定、黎雄才、关山月等艺术大师。此外，何香凝、赵崇正、杨善深、黄独峰、司徒奇、李抚虹、何漆园、周一峰、叶少秉、容漱石等人都或多或少地师承于高氏兄弟。他们默默无闻地实践着岭南画派“折中中西、融汇古今”的宗旨，通过自己的实践，证明中国画革新之路的可行性。他们在

·何香凝　狮子

·1931年，高奇峰（右二）与他的六位得意弟子“天风六号”

第一代领军人物的带领下，组成了岭南画派的庞大阵容，成为一支能够与海派、京津画派鼎足而立的绘画力量。

岭南画派对于20世纪中国绘画史有着重要意义。单就绘画思想而言，岭南画派绘画思想就是一笔丰厚的历史财富。岭南画派倡导折中、融合、发展新国画等绘画思想，对中国绘画的发展具有划时代的意义。

岭南画派的主张“具有一定的科学性，是符合事物发展的规律、经得起时间考验

·方人定 归猎

的，所以不是一个时过境迁的历史概念，而是具有一定生命力的思想体系”，不但指导着岭南画派本身的绘画创作，而且对20世纪中国画理论也有着积极的推动作用。

（韩延兵 王时红 熊慧芳）

潮汕工夫茶

潮汕工夫茶，烦琐的技艺、程序包涵了自然生活的情趣，是一种艺术化的品饮。

俗话说：“有潮汕人的地方，就一定有潮汕工夫茶。”相信每一个去过潮汕、走进潮汕小家小院的人，都会对这一帧小景记忆犹新：所到之处，主人总会摆出茶具，烧好开水，等水沸腾，烫杯，下茶，高冲低斟、关公巡城、韩信点兵，便旋洒出茶色均匀的三小杯。“食茶食茶……”（潮汕方言，意

· 凤凰山上

为喝茶）主人客气地招呼着来客。而你光是端坐在简朴茶案前，凝视古色古香的茶具，烹茗闲坐，啜饮聊天，水汽氤氲，茶香依依，笑语融融，茶话娓娓，就会感受到潮汕茶文化的奥妙之处。

的确，潮汕工夫茶，对潮汕人而言，可以说是“不可一日无此君”。无论是身居繁华喧闹的大都市，还是隐居在穷乡僻壤，或是漂洋过海客居异国；无论是一介平民，还是位居要职，腰缠万贯，他都会时不时煮茗酌饮，临风把盅。可见，茶与潮汕人已经难分难舍，浑然一体，也成为潮汕文化不可分割的一部分。所以，潮汕人也把茶叶叫“茶米”，意思就是潮州人嗜茶若命，茶与米不可分，茶者犹米，故曰“茶米”。而据史料记载，清代爱国诗人丘逢甲客居潮州

· 采茶姑娘

时，就曾动情地描述过潮汕工夫茶：“曲院春风啜茗天，竹炉榄炭手亲煎。小砂壶瀹新鷎嘴，来试湖山处女泉。”

潮汕工夫茶，亦称潮州工夫茶，两者同源同义。古潮州郡治，覆盖现今潮州、汕头、揭阳三市区及潮安、饶平、澄海、南澳、潮阳、惠来、普宁、揭西、揭东九县，还远及丰顺、大埔、焦岭县等。其起源于宋代，在广东的潮州府（今潮汕地区）及福建的漳州、泉州一带最为盛行。那时候，中国上层社会“斗茶”之风盛行，谁家买得好茶，就要请客。这种风气逐步演变到茶农、茶商的试茶评茶。

由于日日品茶，喝得太多也难受，就大杯改小杯而成为很浓的小杯茶，这便为工夫茶的雏形。日久天长，老百姓渐渐在茶具、茶叶和冲泡技术上越来越讲究，形成了独特的“潮汕工夫茶”。苏辙有诗曰：“闽中茶，天下高，倾身事茶不知劳。”

关于潮汕工夫茶茶艺定式，较早的文字记载是清代俞蛟《梦厂杂著·潮嘉风月·工夫茶》。及至明代翁辉东撰《潮州茶经·工夫茶》，则以详尽著称。后之介绍文字，未

见有超越其窠臼者。从史料可以看出，中国茶道形成于盛唐，《茶经》总其大成，俗称《茶经法》。《茶经》是潮汕工夫茶烹法之本，更是中国工夫茶的“元典”。

《茶经法》详载茶艺，包括炙茶、碾末、取火、选水、煮茶、酌茶六个主要程序，组成了“茶艺”的核心内容。宋、元是中国工夫茶发展期，到了明代中国工夫茶进入鼎盛期，将茶艺推进到尽善尽美的阶段。

而“工夫”一词，在潮汕话中是做事方

法讲究的意思，这里指烹茶、品茶方法的讲究。只要说起潮汕工夫茶，总可以概括出精、洁、和、思四个特点。

精：指的是茶具的精美；洁：指的是茶叶、茶具的洁净；和：和、爱本一家，家人一起品茶聊天更能体现家人的和睦，培养感情；思：品茶可以提神，消解疲劳，启发人的思维。

正是由于潮汕工夫茶的特别之处，所以，在潮汕，不论嘉会盛宴，或是闲处逸居，乃至豆棚瓜下、担侧摊前，人们随处都可以看到一幅幅提壶擎杯长斟短酌、充满安逸情趣的风俗图画。

潮汕工夫茶多用乌龙，武夷岩茶、凤凰单枞、安溪铁观音皆可入壶。但按照大家喝茶的习惯来看，当地人还是喜欢喝本地产的单枞茶叶。据《潮州府志》记载："凤凰山名茶待诏茶亦名贡茶。"民间传说南宋末代皇帝昺，逃到潮州凤凰山，口渴思饮，采山

· 晒青

中茶叶咀嚼，清甘止渴，称赏不已，以后当地老百姓就专工栽培这种茶树，因而成为有名的“凤凰茶”。

“凤凰茶”素以其气味清香、耐冲耐泡，并独具各种自然花香味而闻名于世。这首先与凤凰山的自然地理条件有密切关系。凤凰山位于潮州东北面，地处饶平、丰顺、大埔三县之结合部，属北回归线近侧。这里常年云雾缭绕，群山起伏，海拔1000米以上的山峰有十多个，其中有粤东第一高峰凤凰乌髻和第二高峰乌岽顶，而名茶多产于高峰云雾之上。其次，“凤凰茶”有独具一格的制作方法，分“萎凋—发酵—杀青—揉捻—烘焙”五个程序进行，每道程序都有严格的操作方法。

而“凤凰茶”的品种、香型颇多，常见的香型有黄栀香、玉兰香、蜜兰香、芝兰香、杏仁香、肉桂香等花香型，甚至有热带水果诸如菠萝蜜香、榴莲香此类瓜果香味。这么多香型，取决于茶树树种和后期加工工艺的不同，不以茶香论贵贱。

一般而言，好茶颜色金黄，偏黑者次

· 凤凰山

· 摘茶

之。春冬两季单枞最好，尤以春茶叶底柔软细腻、茶香浓郁为最佳；夏秋茶次之。而在凤凰单枞中，尤以凤凰山乌岽顶单枞茶的品质最优，向来有形美、色翠、香郁、味甘“四绝”之称。冲泡时在几步之外便能闻其香味，饮之回味无穷。

潮汕人爱喝茶，这其中便有着潮汕人的好客心理。在潮汕，或家人闲聚，或宾客登门，沏上一泡雪片，殷勤唤声“食茶”，一种亲切融洽的感觉，便漫上心头。有诗句曰，“寒夜客来茶当酒”，就是对来客敬茶以示礼仪、共诉相聚的喜悦，这是茶道的基础，也是好客心理的一种体现。不过，工夫茶的习俗，也有很多的讲究，民间很多谚语流传至今。一敬一请之间，潮汕人的温文儒雅展现无遗。

“头冲脚惜（音同），二冲茶叶”，是指主人冲茶时，头冲必须倒掉不可喝，因为里面有杂质不宜喝饮，要是让客人喝头冲茶就是欺侮人家。

“酒满敬人，茶满欺人”，酒是冷的，斟满敬客，既表示热情，客人接时还不会烫手；茶则不宜过满，俗话说：“茶倒七分满，留下三分是情分。”因为茶是热的，满了客人接杯时易烫手，甚至还会出现茶杯掉落地上被打破的尴尬局面，使客人难堪。

· 择茶

·揉茶

“先尊后卑，先老后少”，斟第一遍茶时，要按照“先尊后卑，先老后少”的顺序敬茶，第二遍则按照座位顺序斟即可。客人接过茶后，长辈用中指在桌上轻弹两下，小辈、平辈用食指和中指在桌面上轻弹两下，以示回礼，表示谢意。当客人全都喝过茶后，煮茶冲茶的主人才可饮用，否则就会被当作“蛮客欺客”“待人不恭”。

“新客换茶”，宾主饮茶期间，如果有新客人到来，主人要立刻换茶叶，以表示对新客人的欢迎。如果不换茶，就被认为是怠慢客人。当主人敬茶时，新客人也不要一再推辞不喝，不然就却之不恭了。

工夫茶的独特之处，还在于它的茶具。茶具除实用价值外，还有颇高的艺术价值。传统的潮汕工夫茶所用的茶具，有所谓的四宝、八宝、十二宝之说。普遍讲究的是四宝：白泥小砂锅（砂铫）、红泥小火炉（风炉）、紫砂小茶壶、小茶杯。此四件，除了紫砂小茶壶为宜兴最佳外，其余三件均以潮汕产为佳，都有昔日文人著文称誉。而茶洗、茶盘、茶垫、水瓶、龙缸、羽扇和榄核碳等等这些特别的器皿，也使工夫茶独具韵味，扬名天下。

有好茶和珍贵茶具，如不善冲泡，就会全功尽废。早在北宋，就已有有关潮州茶事的最早记录，即在宴席间品茶的程序。从烧炭、洗杯到沏茶、喝茶都记录清晰，每道工序都体现了“仁爱致祥”的儒家气息。传统

· 红泥小火炉

的工夫茶，需按泡器、纳茶、候汤、冲点、刮沫、淋罐、洒茶等程序进行，就是所谓“十法”，即活火、虾须水、拣茶、装茶、烫盅、热罐、高冲、盖沫、淋顶与低筛。有人把烹制工夫茶的具体程序概括为“高冲低洒，盖沫重眉，关公巡城，韩信点兵”，或称“八步法”。

由此可见，饮潮汕工夫茶，不单单是以解渴为目的，它烦琐的技艺、程序包涵了自然生活的情趣，是一种艺术化的品饮。当你端起茶杯，心神清净，细吸慢啜，就宛若在欣赏一幅人生的画卷。其色，其香，其味，无不蕴涵着人生的哲理，暗合了工夫茶道“和、敬、精、乐”的文化精髓。

（翁小筑）

凉茶

广东凉茶

广东凉茶是岭南人民根据本地的气候、水土特性，以中草药为基础，研制总结出的一类具有清热解毒、生津止渴等功效的饮品总称。

· 药侠王老吉

羊城的夏日，赤日炎炎。在广州的街头，隐隐飘着甘味药香，引得路人循着丝丝香味寻望。

这香味的源头，是一间简朴的凉茶铺，绕过摆着大大小小瓦煲的柜台，店内摆着六个煤炉，室内温度要比外面高出两三度，店主正一手拿着小老虎钳夹起瓦煲盖，一手拿着大锅铲不时地搅拌煲里的草药。这间靠着传统瓦煲煲出纯中草药配制的凉茶的店铺，已开业十几年，吸引了大批市民光临。按照店里的惯例，每次有人来买凉茶，店主都会叫他先伸出条“脷”（粤语，指“舌头”），看看他们是热气还是湿毒，然后，就根据不同症状，用药勺在面前的各个瓦煲里挑选所需的凉茶成分，快速地调制出一杯对症下药的凉茶。

小铺、瓦煲、草药、大碗，先看症状再配茶……这富有地方特色的一幕，曾是旧日广东寻常的一景，它引出的是广东人几千年来挥不去、斩不断的凉茶情结。

一方水土养一方人，一方水土育一方物。凉茶并不是由单个人的灵光一闪发明

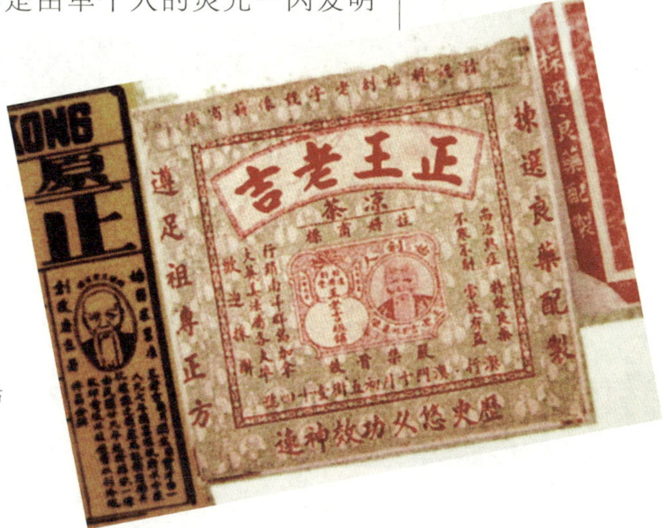

· 王老吉旧招贴

的，而是由岭南人民在当地的自然条件和生活习惯下通过与自然的搏斗积累下来的生活智慧，它的出现与岭南地区的医学发展和社会进步息息相关。

· 土法煲制凉茶

凉茶盛行于两广、港澳地区，这与岭南气候和水土有很大关系。“岭南地卑而湿”，广东地处中国大陆南方沿海，三面环海，气候炎热潮湿，属亚热带气候。加之，广大的珠江三角洲平原为石灰熔岩丰富的地区，水质含钙盐等热性的成分较多。按照中医五行归属，南方炎热，与五行中“火”温热、炎上的特性相似，故南方五行属“火”。以中医天人相应的观点，受地理气候影响，岭南人体质易受湿热影响而发病，火性炎上升散，伤人阴津，阴不制阳，火热炎上，故易出现“上火”症状。

其实，这一点在古代便成为百姓及药家的共识。《黄帝内经》曾指出“南方生热、热生火”，可谓一语中的。岭南地区湿热、多瘴气，每年阳春三月，大雾笼罩着五岭以南大部分地区，乡间人称之为“黄沙雾”，实际上为一种带毒的薄瘴。在野外劳作的时候，妇女要包裹头巾，男人带笠帽，穿长衫、长裤，以遮瘴雾侵入人体而得病。古时

· 旧时凉茶铺煲凉茶处

这种毒雾引起人们患流行性感冒、发烧发热、肺炎咳嗽等病，民间称之为“热病”。

“热病”对人体的伤害很大，外地人初到岭南，由于对气候环境的不适应，更易感染病症。唐代韩愈被贬为潮州刺史时吟诗说：“好收吾骨瘴江边。”淮南王刘安谏汉武帝远征岭南时说：“南方暑湿，近夏瘴热，暴露水居，蝮蛇蠹生，疾病多作；兵未血刃，而病死者十之二三。”这样恶劣的自然环境自然会对人体造成极大伤害，岭南人通过与自然环境的不断抗争，积累了调理保健、防病治病的宝贵经验。为了除湿去热，适应环境，他们在植被丰富的山川谷地采集一些清热解毒、消暑去湿的中草药，经过一些具有中医药知识的人长期实践，研制出各种各样的凉茶。

凉茶，所用药材多数为寒凉性的植物，典型的如夏枯草、苦瓜、罗汉果等。其中夏枯草总是在夏至过后枯萎，故得此名，其味

· 1897年，王老吉第三代传人王恒裕与其妻何氏在香港分店开业时合影

苦辛，被认为性极寒，尽吸冬春阴寒之气，因而受不得夏日酷热，所以一过夏至即枯萎，最有“凉”的意味。

从古到今流传的凉茶配方有许多种，但功效几乎都是“清热解毒、滋阴降火”。广东人喜饮凉茶，一碗甘苦的凉茶入口，顿时生津止渴、消暑去湿清热。许多人家平日会不时叮嘱孩子到街上凉茶铺饮碗凉茶，或者买一些凉茶包放在家中保平安，甚至有华侨回乡探亲，也要买些凉茶包带出国，让久居海外的亲友也能喝上家乡地道的凉茶。广东民众喝凉茶的习俗由来已久，从表面看似很简单，“上火喝凉茶”，但深究起来，其实是有很强大的生活和文化传统在支撑。

凉茶有广义和狭义之分。广义的凉茶泛指一切清凉的汤药，药力温和的有五花茶、夏桑菊、竹蔗茅根汁等；药力峻猛的有石岐凉茶、廿四味、癍痧茶等。狭义的凉茶仅指

· 民国初年的陈李济

· 老药房

药方中加有茶叶的清凉汤剂，如绿菊茶就是在绿豆、菊花中加入茶叶而成。无论广义还是狭义的凉茶，或多或少、或轻或重都带有寒凉之性，唯“热气”者所宜。

另外，凉茶的功效以“去火”为核心，但类型不一的凉茶细化的功效也不一，主要有以下几类：清热解表茶，主要适合内热、火气重的人，代表药材有银花、菊花、山枝子、黄芩等，适饮于春、夏和秋季；解感茶，主要医治外感风热、四时感冒和流感，代表药材有“非典”时期被热炒的板蓝根，此茶四季适饮；清热润燥茶，此类凉茶尤其适饮于秋季，对于口干、舌燥、咳嗽有良好

的药用功效，代表药材有沙参、玉竹、淡竹叶、冬麦、雪耳等；清热化湿茶，针对湿热气重、口气大、面色黄赤等人饮用，代表药材有银花、菊花、棉茵陈、土茯苓等，适饮于夏季。

凉茶不仅不含茶叶，且大多呈褐色或黑色，与嫩绿清澄的“茶”似乎不相符，然而，为何仍以“茶”命之？其实，凉茶中的“茶”字更多是承袭传统茶叶的保健防病功效。

我国是茶的故乡，也是药茶的发源地。据我国第一部经典本草著作《神农本草经》记载：“神农尝百草，日遇七十二毒，得茶而解之。”书中还记载：“茶味苦，饮之使人益思，少卧，轻身，明目。”可见对茶叶早期的认识是从其药用价值开始的。

世界第一部茶书唐代陆羽所撰的《茶经》中写道：“茶之为饮，发乎神农氏，闻于鲁周公。”说明茶是先被药用。此后，中医发现在茶中加入一些食物或药物可以具备特别的疗效，也以“茶”命名之，即“药茶”。

药茶是一种祛邪治病、防病保健的中药剂型，可以像饮茶一样供病人服用，作用持久而缓和，且无呆滞中焦脾胃之弊。唐代“药王”孙思邈编著的《备急千金要方》《千金翼方》等书中载有“治哕逆竹茹芦根茶”等药茶方十余首，可见药茶的价值已普

遍为人们所接受。

药茶到宋、元以后更是得到广泛应用。至明代，随着商品经济的发展，中国茶饮中配以药物已十分普遍，李时珍的《本草纲目》中，记载着多种茶和其他中草药配成的药方，如：与茱萸、葱、姜一同煎服，助消化、理气顺食；与醋一同煎服，可治中暑、痢疾；另外，与姜煎服对痢疾也有良好疗效。这说明中国的药茶已渐趋于成熟。

·以“正宗广东，传统风味”吸引消费者的罐装广东凉茶

随着茶饮的发展，一些用药煎煮或冲泡的代茶饮品，即使没有茶叶，只要能够达到保健防病的目的，也可谓之“茶”。如在唐代官方编著的《太平圣惠方》载：“薄荷茶，治伤寒鼻塞头痛烦躁。”

凉茶，正是以寒凉药材煮茶，保健防病、治疗热症及上火。至今，凉茶的概念不断地延伸，凡是能够起到清热解暑、祛湿消滞、生津止渴、提神醒脑或养颜护肤等作用的，都被人们称为凉茶。

人们通常把凉茶铺的产生时间追溯到清道光年间。相传，王老吉凉茶由广东鹤山人王泽邦（乳名王吉）于1828年始创。当时他在广州十三行靖远街开设凉茶铺，经营水碗凉茶。凉茶铺附近都是些码头搬运工、黄包车夫以及来往客商，人们但凡头痛身热、咽喉肿痛、大便秘结、口舌臭苦时，喝上一碗凉茶均能药到病除。

这样一来，王老吉声名远播，凉茶铺经常门庭若市。一些远道闻名而来的病人，要求将王老吉制成方便携带的成药，王泽邦便以前店后厂的形式生产纸包装的王老吉凉茶出售。传说当年钦差大臣林则徐微服入粤查烟，亲身体验过阿吉凉茶的奇妙后，派人送来了一个刻有“王老吉”三个金字的大铜壶赠予王泽邦。从此，王泽邦以“王老吉”为号，首创凉茶铺，并且流传到海外。大铜壶、大葫芦也由此成为广东凉茶铺的标志。可见最迟在清代，凉茶铺的经营就已经非常

· 黄振龙凉茶博物馆

· 艺术家万兆泉刻画了一个有趣的市井生活画面：母亲要小孩喝凉茶，但小孩却拼命想逃走

普遍了。

除了“王老吉”外，一百多年来，“黄振龙”“三虎堂”“耕田公”“罗耀堂”“大乡里”“全心堂”“三坑瓦”等凉茶老号，也先后出现在广东、广西和港澳地区，成为老一辈岭南人耳熟能详的名字。而“阿贞凉茶”“金葫芦”“平安堂”“清心堂”“鲁大爷甘露茶”“沙溪凉茶”“罗浮山凉茶”“石岐凉茶”“廉江凉茶”“邓老

凉茶”等，更是目前广东民众日常生活中不可缺少的一部分。2010年，“王老吉”成为第16届亚洲运动会唯一指定非酒精类饮料。

凉茶，是岭南文化一个具有生活气息的代表。精心组方，细细熬煮，一碗飘香的凉茶，一丝淡淡的苦涩，一种独有的生活态度。透过凉茶，我们可以品出岭南人的生存环境与智慧。

（朱钢）

邱氏書室
萬木草堂
陈列馆

康有为、梁启超

康有为、梁启超师徒二人在鸦片战争以后，领导了著名的“公车上书”运动和促成“百日维新”改革。

自鸦片战争以来，中国又经历了太平天国和甲午战争两大巨变，把这个独尊儒术两千多年的老大帝国，推到了历史的十字路口。国家、民族、文化的命脉，存亡绝续，悬于呼吸，其危如一发引千钧。

当其时，以魏源、林则徐、郭嵩焘、徐继畲、梁廷枏等人为代表的一批有识之士，主张经世致用，在萎靡泄沓的社会环境中，不断呼吁变法。他们指出：中国的当务之急，既不是如何拒“夷”于国门之外，也不是如何为往圣继绝学，重振旧政教，恢复旧纲纪，而是老老实实向西方学习。不管学习过程多么痛苦与难堪，都无法回避，没有第二条路可走，唯有硬着头皮学下去。为此，他们翻译和编写了不少介绍“夷情”的书籍，为人们打开了观察另一个世界的窗口。其意义，殆与划破黑夜的闪电相同。

我们发现，每每到了天地变色、日月无光的最后关头，在中国的南方，便有一群广东人平地兴起，以一往直前、冲破一切阻碍的坚强意志，在蹇滞艰难的困局之中，杀出一条血路。鸦片战争迫使中国从一个封闭的、宗法专制的国家，开始向现代国家转

·发生“公车上书”一幕的老北京

·康有为

型。广东在这个转型过程中，起着一种历史枢纽的作用。诚如一位山西学者所说：“近百年来，中国所以危而不亡，主要靠湖南、广东人物的努力。”

1895年春天，北京聚集着大批从各省上京参加会试的举人，已经考试完毕，正在等待放榜。4月，甲午战争中国战败，中日两国签订《马关条约》，割让台湾及辽东，赔款二万万两的消息，像一颗炸弹在京城炸开了。各地举人的公呈，像雪片似的飞到都察院，呼吁朝廷拒绝签约。在这批奔走呼号的知识分子当中，有两个广东人最为活跃，一个是康有为，另一个是梁启超。

康有为，广东南海人，生于1858年，原名祖诒，号长素。早年在家乡时，他便广泛阅读各种新书，如《西国近事汇编》《环游

·光绪和维新派首领康有为、梁启超合影

·康有为

地球新录》等等，开阔了眼界。他在礼山草堂读书时，已表现出“大胆创新，勇于尝试”的精神了。有一回学生们到西江参观苏东坡南贬时遇风泊舟处的古迹，康有为不愿同往。有人问他原因，他慨然回答：“逆流之舟，何用瞻仰？我要看的是王荆公的改制台！”

后来康有为亲身游历香港，感受到西方文明，治国甚有法度，绝不是中国人所说的“夷狄”。于是大购西方书籍（译本），大讲西学。在一个多世纪的风云变幻中，广东始终站在中国与世界对话的最前沿。把中国带到世界面前的，是广东；把世界带到中国面前的，也是广东。

1891年，康有为在广州开办“万木草堂”，大发求仁之义，而讲中外之故，救中国之法，鼓吹从最高层的王权入手，由上而下改造中国。万木草堂成了变革维新的思想温床。

虽然康有为在邱氏书屋讲学时间很短，只有一年，翌年便迁到广州卫边街（今广卫路）的邝氏祠堂，后来又迁到广州府学宫仰高祠（今市一宫内），但康有为亲自制定《长兴学记》，作为万木草堂的校规，又在这里主持完成了《新学伪经考》和《孔子改制考》等重要著作的分纂和校勘，足以令长兴里名垂竹帛了。因此，现在人们一说起万木草堂，都知道是在长兴里。

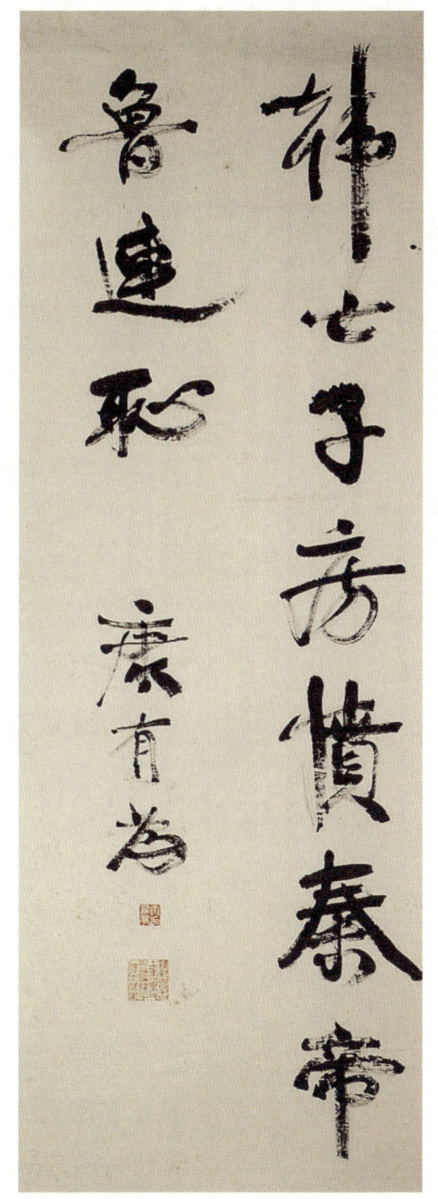

梁启超，广东新会人，生于1873年，字卓如，号任

公。他12岁进学，17岁中举，人称“神童”，满腹训诂词章之学。自从听了康有为如“大海潮音，作狮子吼”的讲学后，幡然猛醒，有如桶底脱落，豁然贯通，始觉自己肚里的全是“数百年无用旧学”。于是改辕易辙，追随康有为左右，绛帐侍坐，执经问字，北面备弟子礼。当时康有为还只是个秀才，梁启超以举人的资格，倒过来拜秀才为师，倾力提倡新学。康有为有了这个得力助手，如虎添翼。

为了阻止朝廷签约，梁启超先是联合了几位广东举人上书，被都察院拒绝了。其后湖南举人们得知，也积极参与，挺身而出的公车愈来愈多，力言台湾万不可割让。康有为联合在京会试的公车一千三百多人，在松筠庵会议，共同署名上书光绪皇帝，并齐赴都察院递交请愿书，但又被都察院拒收。这就是在所有中国近代史书上都少不了的“公车上书”一页。

这个被历史学家称之为“是自12世纪宋朝太学生发动的知识青年救亡运动以来，绝无仅有的第二次”的大事件，是中国近代史上一个重要的节点，它象征着传统知识分子在近代社会的角色转换。

但1895年的“公车上书”，与宋代的太学生伏阙上书、请求抗金，有本质的不同，它不仅开启了近代中国知识分子问政之风，更

· 康有为故居

·康有为（塑像）

重要的是，它把个别事件引向了国家政治改革的方向，制造了一场社会运动。

作为一代国学大师康有为，终生在古文经学与今文经学中打转，他宣称两千多年来盛行的都是伪孔学，真孔学被湮没了，现在他要拨开云雾览日月，洗去真孔学的尘垢，重现其价值光芒。康有为尝试把西学的某些“体”，加以包装，移植到中学的“体”内。他要启蒙中国人，所以要引入西学；他要救亡中国，所以要创立孔教，奉孔子为教主。

1896年8月9日，梁启超在上海创办《时务报》（旬刊），每期三四万字，并亲任总主笔，先后出版了69期，发表了一大批鼓

·广府学宫曾经是万木草堂的旧址之一

吹变法的政论文章，一纸风行，高峰时每期销1.7万份，成为国内最受欢迎的一份报纸。

梁启超的《变法通议》，就是《时务报》上的一颗重磅炸弹，他大声疾呼：中国的官制必须改革！教育制度必须改革！科举取士制度必须改革！中国变则存，不变则亡！字字掷地作金石声，有如破山之雷，振聋发聩。

梁启超比康有为更注重地域文化的意义，企图从地方的小传统入手，从基层社会入手，从绅权、民权入手，对中国实行由下

· 梁启超

而上的改造。梁启超被后世称为中国第一代的启蒙大师。

戊戌变法前夕，康有为只是一个区区工部主事，正七品芝麻官，在官场上毫无人脉。他不靠行贿打通关节，靠一支笔打动了光绪皇帝，被任命在总理各国事务衙门行走，擢从四品。他像一道神奇的闪电，从权力金字塔下层，穿越重重叠叠的官僚架构，绕过了许多官员一辈子也完成不了的程序，直达深宫御前，与皇帝讨论国是，并策动了为期103天的政治改革运动，堪称一次来自基层的政变。

1896年，光绪皇帝在康有为、梁启超等维新派的鼓动下，毅然下诏，宣布

· 梁启超故居

变法，并召见康有为，详陈变法意见。自称“外国文一字不懂”的康有为，抛出了一系列极具震撼性的政治、经济、文教改革方案，包括鼓励开垦荒地，提倡私人办实业，奖励新发明、新创造，修筑铁路，开采矿产，改革财政，编制国家预算；废除八股，开办学堂，提倡西学，派人出国留学、游历；允准创立报馆、学会；设立议会，实行君主立宪，允许大小臣民上书言事；军事方

·康有为、梁启超考举人的贡院

· 梁启超

面，严查保甲，实行团练，裁减旧军，督练新军；等等。

在光绪的支持下，康、梁等维新派刮起了一场改革风暴。变法诏书把兴办京师大学堂列为头等大事，以期人才辈出，共济时艰。光绪批准了由梁启超代为起草的《奏拟京师大学堂章程》，这是中国近代高等教育最早的学制纲要。章程规定，大学堂的办学方针是“中学为体，西学为用，中西并用，观其会通”，并规定“各省学堂皆归大学堂管辖”。

梁启超认为，中国落后的病根，在于思想守旧；而思想守旧的病根，在于科举。他说：“科举制度，有一千多年的历史，真算得深根固蒂，它那最大的毛病，在把全国读书人的心理都变成虚伪的因袭的笼统的，把学问思想发展的源泉都堵住了。”因此，要救中国，首先必须扑灭科举制度。

·梁启超和他的儿女

敢为天下先，是广东人的性格。维新派的主张，已紧扣国家体制的命门。目标是正确的，但方法过于急进，不顾客观条件的许可，全凭血气之勇，采用“挟天子以令诸侯”这种最古老、最落后的权谋之术，甚至以宫廷政变来推行新政，是不会有好结果的。在强大的保守势力围攻下，仅仅推行了百日，便以流血失败告终。莫道书生空议论，头颅掷处血斑斑。谭嗣同、康广仁、刘光第、林旭、杨锐、杨深秀等维新派“六君子”，被处死于北京菜市口。康有为、梁启超仓皇逃亡海外。梁启超所说：“戊戌维新，虽时日极短，现效极少，而实为20世纪新中国史开宗明义第一章也。”广东人与有荣焉。

康、梁所开启的变法运动，并没有停止。1905年清廷宣布废除科举。在席卷朝野的改革运动中，走得比康、梁还远。一大批新型的知识分子群体出现在历史舞台上，为其后的立宪运动、保路运动、辛亥革命，打造了最重要的思想舆论工具；也为民国成立后一系列的价值重建运动，奠定了基础。可以说，没有这场改革运动，就没有1915年以后的新文化运动。

广东人具有大海的性格，宏纳众流，兼容并包，在悠久的历史文化中，既秉持一股“天变不足畏，祖宗不足法，人言不足恤”的英锐之气，葆有其天真与率直的活力，又不失敦厚笃实、沉毅坚忍、谦克忠敬的胸

· 梁启超和家人

次，始终表现出一种开拓向上的精神。她的思想与智慧，乃自其长年在穷山恶水、风口浪尖中的生活经验，孕育而出充满顽强的生命力，时时向前奋斗，有所推倒，有所开创，与其他文化相依而并进，兼容并包，取长补短，日趋宽阔博大，在中华文化这棵大树上，欣欣向荣，生长出一片繁枝茂叶。

（叶曙明）